Peter Nissen

Der Nominativ der verbundenen Personalpronomen in den französischen Sprachdenkmälern

Peter Nissen

Der Nominativ der verbundenen Personalpronomen in den französischen Sprachdenkmälern

ISBN/EAN: 9783743484818

Hergestellt in Europa, USA, Kanada, Australien, Japan

Cover: Foto ©ninafisch / pixelio.de

Manufactured and distributed by brebook publishing software (www.brebook.com)

Peter Nissen

Der Nominativ der verbundenen Personalpronomen in den französischen Sprachdenkmälern

Der Nominativ
der verbundenen Personalpronomin.
in den
ältesten französischen Sprachdenkmälern.

Inaugural-Dissertation

zur

Erlangung der Doctorwürde

der philosophischen Facultät der Universität zu Kiel

vorgelegt

von

Peter Nissen

aus Sonderburg.

Greifswald.
Druck von Julius Abel.
1882.

Im Lateinischen wird das Personalpronomen als Subject nur dann ausgedrückt, wenn auf demselben ein besonderer Nachdruck ruht, während der neufranzösische Sprachgebrauch sich in allen Fällen ausser bei Wiederholungen, beim Imperativ, in einigen vereinzelten Redensarten und zuweilen in der Poesie für die Setzung des Subjectspronomens entschieden hat. Das abweichende Verhalten der so nahe verwandten Sprachen findet in der Geschichte des Französischen seine leichte Erklärung. Im classischen Latein genügte die Verbalendung zur Andeutung des Subjects; das römische Volksidiom erlitt aber in seiner Entwicklung zum Französischen vielfach Einbusse seiner Flexionen, deren grösster Teil beim Verbum in der heutigen Sprache Frankreichs erloschen ist. Die Klarheit und Verständlichkeit der Rede erforderte ein Ersatzmittel; man wählte die Umschreibung durch das persönliche Pronomen. Die durchgreifende Regel des Neufranzösischen hat sich natürlich erst im Laufe der Zeit herausgebildet; im Altfranzösischen ist bald die lateinische, bald die neufranzösische Methode angewandt. Im Folgenden soll untersucht werden, in welchen Fällen das Subjectspronomen in den ältesten französischen Sprachdenkmälern hinzugefügt ist, und in welchen dasselbe fehlt. Wir haben die Untersuchung nur bis zur Mitte des 12. Jahrh. geführt, da die Fülle des Stoffes uns vorläufig nicht erlaubt, dieselbe weiter auszudehnen.

Zunächst müssen wir auseinandersetzen, von welchen Gesichtspunkten aus die vorliegende Arbeit gemacht worden ist. In seiner Abhandlung über die Wortstellung im altfranzösischen Rolandsliede (Romanische Studien III, 199 ff.) hat Morf die uns beschäftigende Frage berührt und ist pag. 202

zu dem Ergebnisse gelangt, dass im Rolandsliede die Setzung des pronominalen Subjects im Allgemeinen nicht von grammatischen Regeln, sondern vom Metrum abhängig sei. Diese Ansicht teilt offenbar auch Klatt (Die Wiederholung und Auslassung gewisser Form- oder Bestimmungswörter in der französischen Prosa des 13. Jahrh. Kiel, Diss. 1878), der deshalb nicht die poetische Literatur in den Kreis seiner Untersuchungen gezogen hat, weil „gerade diese kleinen Wörter, wie das persönliche Fürwort, der Artikel, die Präpositionen, sicherlich oft nur mit Rücksicht auf den Bedarf des Verses entweder gesetzt oder ausgelassen worden seien". Hirschberg (Auslassung und Stellvertretung im Altfranzösischen I. Göttingen. Diss. 1878) weist pag. 6 Klatt's Ansicht zurück und bemerkt mit Recht, dass man sich hüten müsse, bei grammatischen Untersuchungen, wo eben der Sprachgebrauch aus den uns vorliegenden Denkmälern festgestellt werden soll, von solchen apriorischen Meinungen auszugehen, ohne den tatsächlichen Sachverhalt zu erforschen. Der Grundsatz, den Tobler, Zeitschrift für Rom. Phil. III 144, in Bezug auf die Wortstellung im Altfranzösischen aufstellt, dass man nur da annehmen dürfe, das Metrum habe den Dichter zu sprachwidriger Wortstellung veranlasst, wo kein anderer Ausweg bleibe, wird auch bei dieser Untersuchung zu befolgen sein. Wo die Setzung oder Auslassung des pronominalen Subjects mit dem sonstigen Sprachgebrauch in Widerspruch steht und eine Erklärung dafür nicht zu finden ist, sollen die Unregelmässigkeiten dem Metrum zugeschrieben werden. Ein Unterschied hinsichtlich der Anwendung des pronominalen Subjects zwischen der prosaischen und poetischen Literatur jener Zeit ist im Allgemeinen nicht ersichtlich; doch muss bemerkt werden, dass die untersuchten Prosatexte, der Oxforder und Cambridger Psalter, sowie die Quatre livres des Rois. Uebersetzungen aus dem Lateinischen sind, dass die Sprache derselben von der lateinischen Vorlage beeinflusst ist und daher oft keine französische Originalconstruction vorliegt, vgl. Behaghel, Z. f. Rom. Ph. I 577. Weniger gilt dieses hinsichtlich der Q. L. R., die sich in freier Weise an das lateinische Original anlehnen (vgl. W. Foerster, Zeitschrift

I 106); die häufigere Anwendung des Subjectspronomens in diesem Denkmal als in den chronologisch vorangehenden ist nicht zurückzuführen auf die Tatsache, dass dasselbe in Prosa geschrieben ist, sondern dem Umstande zuzuschreiben, dass dasselbe auf einer späteren Stufe der Sprachentwicklung steht. Das neutrale Pronomen als Subject in den ältesten Sprachdenkmälern ist von Horning zum Gegenstande einer besonderen Untersuchung gemacht worden: Le pronom neutre il en langue d'oïl in Böhmer's Rom. Stud. IV 227 ff., vgl. darüber besonders Koschwitz: Zeitschrift f. neufranz. Spr. u. Lit. II 417; ib. III 364 und Gröber's Zeitschrift IV 463. Das unpersönliche Fürwort bleibt daher von unserer Betrachtung ausgeschlossen. Die von Horning benutzten Texte sind auch dieser Untersuchung zu Grunde gelegt; zu erwähnen ist nur, dass das Alexislied, hohe Lied und Alexanderfragment nach den Ausgaben von Edmund Stengel in den von ihm veröffentlichten Ausgaben und Abhandlungen aus dem Gebiete der Romanischen Philologie I Marburg 1882 citiert werden.

Wir haben den Stoff nach den Satzarten eingeteilt, die einen verschiedenen Gebrauch des Nominativ der verbundenen Personalpronomina zeigen, nicht nach der Auslassung und Setzung überhaupt. In Bezug auf die Anwendung des Subjectspronomens unterscheidet sich der Hauptsatz wesentlich von den Nebensätzen, und unter diesen erfährt der Relativsatz eine eigentümliche Behandlung. Durch das verschiedene Verhalten dieser 3 Satzarten ist die Dreiteilung des Stoffes bedingt. Wir handeln also

1. von den Hauptsätzen.
2. von den Conjunctionalsätzen.
3. von den Relativsätzen.

Erster Teil.
(Der Nominativ der verbundenen Personalpronomina im Hauptsatze.)

Der erste Teil unserer Arbeit zerfällt in 2 Abschnitte. Zunächst handeln wir von den selbstständigen, unabhängigen Hauptsätzen, die nicht zu anderen im Verhältnisse der syndetischen oder asyndetischen Beiordnung stehen, und darauf von denjenigen, die mit anderen verbunden sind.

Erstes Kapitel.
(Das Personalpronomen als Subject im unverbundenen Hauptsatze.)

A. Im asserierenden Hauptsatze.

Es ist zu unterscheiden, ob der Hauptsatz Vordersatz oder Nachsatz ist, und beim Vordersatz ist die Unterscheidung zu machen, ob derselbe uneingeleitet oder eingeleitet ist (wenn ein anderer Satzteil als das gesetzte pronominale Subject und im Falle der Auslassung als das Verbum die erste Stelle im Satze einnimmt). Wir werden in dem Abschnitte über den eingeleiteten Vordersatz sehen, dass die einleitenden Satzteile die Auslassung des Subjects[1] bewirken; diese Regel ist sehr wichtig, sie wird sich auch auf den Nachsatz, die syndetisch und asyndetisch beigeordneten Sätze anwenden lassen und in

---

[1] Wenn wir uns der Kürze wegen des Ausdrucks „Subject" bedienen, so ist stets das durch die pronomina personalia bezeichnete darunter zu verstehen.

vielen Fällen die Auslassung des Pron. in diesen Satzarten erklären. Deshalb ist es besser, die eingeleiteten Hauptsätze im ersten Kapitel zu behandeln als in einem besonderen dritten.

I. Im Vordersatze.
a. Im uneingeleiteten Vordersatze.

Eulalia. Die Auslassung des Subjectspr. findet nicht statt. Der Nominativ ist hinzugefügt 3a *Elle nont eskoltet les mals conselliers;* 10b *Elle colpes non auret poro nos coist;* 7a *El li enortet dont lei nonque chielt.* Es ist zu beachten, dass in diesem Verse das persönliche Fürwort im Nominativ einem unbetonten proclitischen Pronomen im Accusativ[1]) vorhergeht. Dieser Vers bietet somit das erste Beispiel für die von Tobler aufgestellte wichtige Regel, dass ein tonloses Pronomen im Dativ oder im Accusativ keinen Satz anfangen kann; vgl. Tobler, Zeitschr. f. R. Ph. II 626 unter 15,3 und Gröber ib. IV 463 Anm. 1. 8a *Ell. ent adunet lo suon element.* Hier folgt auf das pronominale Subject das Adverbium *ent.* Die tonlosen Adverbien *en* und *i* verhalten sich wie die tonlosen proclitischen Objectspronomina; sie vermögen ebenso wenig wie diese einen Satz anzuheben.

Diese Behauptuug wird im Folgenden durch weitere Beispiele bewiesen werden.

Passion. Wir finden nur Beispiele für die Hinzufügung des Subjects: 35a *Eu soi aquel zo dis Ihesus;* 109b; 68a; 120a *Il des abanz sunt userad.* Wir haben hier nicht zu untersuchen, in welchem Umfange die Trennung des Pronomens als Subject vom Verbum durch andere Satzteile statthaft ist; diese Frage gehört in die Lehre von der Wortstellung.

Im Neufranz. kann das verbundene persönliche Fürwort im Nominativ bekanntlich nur durch die tonlosen Pron. im Dativ oder Accusativ, durch *en* und *y*, sowie durch die Negationspartikel *ne* von dem zugehörigen Verbum getrennt werden;

---

[1]) Ueber li, das auch = l'i sein kann, vgl. Stengel Wörterbuch 162, 2te Spalte.

bei der Trennung durch andere Satzglieder verlangt der heutige Sprachgebrauch die sogenannte betonte Form, eine Regel, die in den ältesten Sprachdenkmälern noch nicht streng befolgt wird. 126a. Ein folgendes tonloses Pron. im Dativ oder Accusativ verhinderte die Auslassung des Nominativ: 34c *il li respondent tuit adun;* 75c *Respon li bons . . . . . : eu to promet . . . . . ;* 77a; 90c; 84a.

Es sei hier bemerkt, dass Stellen wie 46a *Tu eps l'as deit respon Ihesus,* an denen der Nominativ betont ist, im Folgenden nicht berücksichtigt werden.

Leodegarlied. Das Subject fehlt: 10c *ne uol reciuure Chielperin;* 34c. Das Subject ist ausgedrückt: 16a *Il cio li dist e adunat.* Ein proclitisches Pron. im Accusativ folgt unmittelbar auf den Nominativ, der deshalb nicht unterdrückt werden konnte: 3e *il le amat deu lo couit;* 4c; 5c; 8c; 10a; 34a; ein tonloses Reflexivpron. kann ebenfalls nicht den Satz beginnen, 9c *il se fud morz.*

Alexislied. Der Nominativ fehlt: 7a *Fud baptizet si out num Alexis;* 10a; 16d; 28a; 43a; 43b; 87a; 9a *nat mais amfant;* 24e. Die negativen Hauptsätze dieser Art sind natürlich hier aufzuführen, denn die einfache Negationspartikel *ne* kann nicht als einleitender Satzteil angesehen werden. 25a; 27c; 42e; 72e; 87e; 122e. Der Nominativ ist hinzugefügt: 25d; 65c; 78d *io atendi quet . . . . . ;* G. Paris: *Vis atendeie qued a m. r.;* 96d. Ein folgendes proclitisches Pron. im Dativ oder Acc. verlangte die Setzung des Nom.: 27b *tu mies fuit;* 65a; 71a *Il la uolt prendra.*

Rolandslied. Der Nominativ fehlt: 94 *Vindrent a Charles . . . . . ;* 147; 307; 1565; 3178; 365; 515 *Guaz nos en dreit par cez pels sabelines,* vgl. Foerster, Zeitschr. f. R. Ph. II 170; 961; 1000; 1133; 1230 *Guardet a tere;* ebenso 1251; 2885. — 1445; 1491 *Siet el ceual . . . . . ;* ebenso 1528; 1554; 1572; 2127. — 1902 *Vait le ferir;* 3447; 2239; 2263; 2287; 2414; 2623; 2825; 2878; 2906; 2943 *Ploret des oilz;* ebenso 4001. — 3125; 3152; 3210; 3528; 3615; 3688; 3720; 3765; 3845; 3849; 3944 *Repairet sen a iaie;* 3945; 1702 *Co dist Rollanz cornerai lolifant.* 1206 *Ne leserat co dit que . . . ;* 1365; 1386; 1405; 2381; 2826; 2903; 3740; 1170 *Dist*

Oliuer nai cure de parler; 1548; 2087. Der Nominativ ist hinzugefügt: 18 *Io nen ai ost qui;* 196 *Il dist al rei;* 318; 457; 735 *Il ne seuent;* Th. Müller schreibt: *Mais il ne set;* Gautier: (La chanson de Roland. Édition classique. 7ième éd. Tours 1880) *Mais il ne serent;* 892; 947 *Nus asaldrum Oliuer et Rollant;* 1108; 1209; 1212 *Nus auum dreit mais cist glutun unt tort,* hier ist indessen das Pron. *nus* dem Substantiv *cist glutun* gegenübergestellt und konnte deswegen nicht unterdrückt werden; 1436; 1556; 2089; 2671; 3509; 3716; 3752; 3775. Das Pron. pers. als Subject steht am Anfange der directen Rede in der Mitte des Verses: 143 *Dist as messages nus arez mult ben dit;* 246; 248; 327; 381; 518; 746; 787 *Co dit li quens io ne ferai nient;* 799; 1039; 1053; 1700; 1768; 2006; 2771; 3788; 3814.

Ein folgendes tonloses Pron. im Dativ oder Accusativ liess nicht die Unterdrückung des Nominativ zu: 30 *Vos li durrez urs...* 37. 397. 635. 641. 839 *Io lai lesset en une estrange marche;* 867. 2322. 2438. 2673. 2815. 2994. 3398. 3400. 3714. Das Subjectspron. zeigt sich, um den Satz nicht mit den Adverbien *en* und *y* zu beginnen, 14 *Il en apelet et ses dux et ses cuntes;* 290 *Io i puis aler mais ni aurai guarant;* 1462; 254 *Respunt Rollanz io i puis aler mult ben.*

Gormund et Isembard. Der Nominativ fehlt: 119 *Puint le cheval...* 439. 655. Der Nominativ ist hinzugefügt: 3 *En haute vuiz s'est escries: „Vus estes en dol tut fine;* ebenso 132. 187. — 96 *Il traist le brand de Coleneis;* ähnlich 182. — 279. 292. 350 *Jeo aportai la nef d'ormier;* 103. Ein proclitisches pronominales Object machte die Setzung des Subjects erforderlich 108; das Adverbium *i* 270 *„Vus i mentez,"* ceo dist Hugun.

Karls Reise. Der Nominativ ist ausgelassen: 81 *Funt ferrer les destriers;* 108. 113. 147 *Vunt sei entrebaisier, nuveles demander;* das erste Hemistich des Alexandriners lautet ebenso 253. 848. — 154 *Vinc en Jerusalem pur l'amistet de Deu;* 308. 169, ebenso 186. — 206. 262. 283. 370. 747. 631. 56 *Ne deussiez penser, dame, de ma vertut;* Suchier fasst in seiner Recension der Ausgabe von Koschwitz Z. f. R. Ph. IV 406

den Vers als Fragesatz auf; 79. 277. . . . . . *si apelet Rollant:
Ne sai u est li reis.* 387.

Der Nominativ ist hinzugefügt: 100 *Il eissirent de France*
229. 286. 637. 651 *Io cuit ke* . . . . . 688. 707. 773. 827. 861.
306 *Respunt li emperere: „Io sui de France chies;* 845. Um
den Satz nicht mit einem tonlosen Pron. im Dativ oder Accusativ zu beginnen, musste der Dichter das Subject ausdrücken:
7 *Il la prist par le puin destrz un olivier;* 71. 200. 331.
635. 690. 857 *Io m'en irai en France.*

Das hohe Lied. Nur Beispiele für die Setzung des
Subjects begegnen: 16 *Il est plus gensz que* . . . . 22. 61 *Ell
est nercidet;* 91. An 2 Stellen folgt ein proclitisches pron.
Object auf den Nominativ: 40 *Io lai molt quis;* 55 *Il li
plantatz une uine molt dolcelt.*

Alexanderfragment. Das Subjectspron. fehlt 29 *mentent fellon losengetour,* wenn fel. los. als Apposition aufzufassen
ist: sie lügen, die verruchten Verleumder.

Brandan. Der Nominativ fehlt: 163 *Vint al roceit;* 185.
209 *Drechent le mast;* 265. 271. 345. 355. 377. 379. 383. 385.
461 *Jetet lur fuz;* 573. 621. 645. 657. 760. 797. 829. 832. 855.
865. 1147. 1187. 1203. 1219. 1421. 1428. 1605. 1633. 1703. 1710.
563 *Dunc dist le abes auez oid Cum cist angele nus unt goid;*
1483. 1509. Das pronominale Subject ist hinzugefügt: 717
Nus sumes ci vint e quatre; 743. 765. 1265 *Jo sui Judas qui
serule Jhesu.* Betont ist das Pron. 1271 *Jo sui qui sun aneir
guardai;* das Neufranz. würde hier die Umschreibung durch
c'est moi .. anwenden. 1281 *Jo sui li fels qui deu hai;* 1301.
1537. 1719 *Il ariuent cil les receit.* Ein proclitisches pron.
Object bewirkte die Hinzufügung des Nomin.: 195 *Il les cunut
e sis receit;* 1473 *Dunc dist Brandans io nus comant.*

Oxforder Psalter. 9,32 *Aguaitet que il rarisset le
povre;* 16,13 *Receurent mei sicume leons aprestet à preie;* 17,11.
17,20. 17,21. 20,9 *Poseras icels cume furn de fu el tens de tun
vult;* 21,13. 21,18. 22,3. 25,27. 29,9. 30,24. 30,28 *Sui jetet de
la face de tes oilz;* 34,14. 34,20. 35,9. 58,16. 40,7. 41,12. 43,26
Oblies la nostre suffraite; 46,3. 46,4. 49,5. 54,20. 55,6. 56,9. 60,7.
63,5. 63,6. 71,6. 71,13. 72,9. 72,15 *Recunterai eissi;* 73,6. 73,8.
73,9. 75,5. 76,5. 77,50. 77,54. 78,2. 78,3. 79,7. 79,12 *Estendiet*

ses rains desque à la mer; 80,6. 82,7. 82,9. 83,13. 84,2. 87,6.
87,18. 117,12. 88,19. 88,38. 88,39. 88,42. 88,43. 89,8. 90,2. 93,21.
97,4. 101,18. 101,24, 102,14. 103,21 *Posus tenebres;* 104,16. 104,17.
104,19. 104,23. 104,24. 104,25. 104,26. 104,27. 104,30. 104,37.
104,38. 104,39. 105,21. 106,4. 106,17. 106,20. 106,25. 106,26.
106,33. 106,35. 108,2. 109,7. 111,8. 113,21. 113,22. 115,7. 134,9.
139,3. 142,4. 142,6. 147,7. 3,6 *Ne crendrai milliers de pople,
avirunant mei;* 9,28. 29,7. 36,20. 48,9. 49,10. 77,4. 77,13 *Ne
guarderent le testament Deu;* 77,47. 81,5. 83,13. 88,34. 100,4.
104,13. 105,24. 117,17. 147,9 *Ne fist issi faitement à tute gent.*
Das pronominale Subject ist gesetzt[1]): 3,4 *Je criai à nostre
Seignur par ma voiz;* 5,6 *Tu hais tuz chi oevrent felunie;*
5,7. 6,6. 7,18. 9,1. 9,2. 9,5. 9,8. 9,22. 9,30 *Il siet en aguaiz ot
les riches en repostailes;* 9,37. 9,40 *Vus perirez, genz de la terre
de lui;* 11,6. 12,4. 12,6. 15,4. 15,7. 15,8. 16,4. 17,1. 17,19. 17,40.
17,41. 17,45 *Il crierent;* 17,47. 21,8. 21,23. 22,6. 22,7. 25,28.
25,29. 26,11. 26,19. 29,1. 29,14. 30,5. 30,7. 30,18. 30,25. 30,26.
31,6 *Je dis: Je regehirai encuntre mei la meie torcunerie al
Segnur;* 32,5. 33,1. 33,4. 34,16. 34,21. 34,25. 34,28 *ne ne dient:
Nus devorerums lui;* 36,37. 38,1. 38,2. 38,3. 38,5. 38,13. 39,8.
39,12. 42,5. 51,9. 56,12. 107,3. 110,1. 117,20. 117,28. 118,7. 137,1.
138,13. 43,12. 43,13. 43,14. 43,15. 43,16. 44,9. 47,5. 47,8. 48,4.
48,20. 49,12. 49,22. 50,8. 50,14. 51,3. 51,4. 54,8. 54,23. 55,3 *Je
la haltece de jurn crendrai;* 56,3. 56,4. 58,7. 59,2. 59,3. 59,4.
60,3. 60,4. 63,2. 64,5 *Nus serums raemplit es buens de ta maisum;*
64,9. 64,12. 65,11. 65,12. 67,19. 67,26. 68,3. 68,23. 68,35. 70,24.
71,4. 72,8. 72,16. 72,23. 73,3. 74,1. 74,2. 74,4. 76,20. 77,2. 77,16.
77,18. 77,30. 83,11. 84,1. 84,3. 84,8. 87,10. 87,19. 88,4. 88,20.
88,32. 88,41. 88,44. 90,15. 95,13. 97,10. 98,7. 98,8. 100,2. 100,3.
101,8. 103,20. 103,31 103,34. 104,29. 104,32. 105,6. 114,1. 114,9.
115,1. 115,2. 117,25. 118,21. 118,31. 118,58. 118,59. 118,75.
118,106. 118,112. 118,118. 118,121. 118,138. 118,145. 118,146.
118,147. 118,158. 118,166. 118,168. 118,174. 118,176. 120,1. 131,7
Nus enterrums en sun tabernacle; 138,17. 139,7. 139,13. 140,8.
141,2. 141,5. 141,7. 142,12. 144,1. 144,17. 147,6. 148,6. Ein

---

[1]) Diejenigen Stellen, an denen in der lateinischen Vorlage das Pron. sich zeigt und betont ist, sind nicht ausgehoben.

proclitisches pronominales Object folgt auf den Nominativ:
2,9 *Tu's guverneras en verge ferrine;* 8,6. 9,15 *Je m'esleccerai
el tuen salvable;* 18,6. 42,3. 59,1. 65,10. 107,7. 118,162. 121,1.
Cambridger Psalter. Das Subjectspronomen fehlt:
9,30. 9,38 *Apareillas que....:* 17,9. 17,11. 17,18. 21,13.
21,19 *Departirent mes restemenz a sei;* 21,32. 33,17. 34.18.
63,5. 63,6. 67,25. 72,9. 73,8. 77,15 *Trenchad la pierre el desert;*
77,50. 78,2. 87,17. 97,4. 101,17. 101,22. 103,30 *Forsmetras
tun espirit, e serunt criet;* 104,8. 104,18. 104,25. 104,26. 104,28.
104,32. 104,39. 104,41. 105,20. 106,4 106,20. 106,25. 106,26.
106,27. 106,29. 111,10. 117,11. 117,12. 118,52 *Recordai tes
jugemenz del siecle;* 118,55. 118,118. 118,168. 15,4 *Ne sacrifierai les purgustemenz d'eals de sanc;* 29,7. 49,9. 77,4. 77,10.
77,42. 81,5. 90,5. 104,14. 117,17.

Das Subjectspronomen ist hinzugefügt: 2,6 *Jeo recunterai
le cumandement de Deu;* 2,9. 4,8. 5,5. 5,7. 6,6. 7,17. 8,7. 9,1
Jo regehirai à tei, Sire, en tut mun cuer; 34,19. 51,8. 56,11.
85,12. 107,3. 108,31. 110,1. 117,21. 118,7. 137,1. 138,15. 9,2.
9,5. 9,21. 9,26. 9,28. 9,35. 12,4. 15,7. 15,8. 15,11. 16,3. 17,1.
17,6. 17,16. 17,17. 17,35. 17,17 *Tu purluigneras les miens pas
suz mei;* 17,38. 17,39. 17,40. 17,42. 17,43. 17,44. 19,5. 19,6.
20,9. 21,8. 21,18. 21,23. 22,5. 23,5. 24,8. 25,4. 25,5. 25,6.
29,1. 29,13. 30,4. 30,6. 30,21. 30,23. 31,6. 31,9. 32,5. 33,1.
33,4. 34,13. 35,8 *Il serunt enivret de la creisse de tu
maisun;* 36,35. 37,8. 38,1. 38,2. 38,3. 38,11. 39,11. 41,9. 43,10.
43,12. 43,14. 43,24. 44,7. 44,15. 44,17. 45,9. 46,3. 46,4. 47,10.
48,4. 48,19. 49,4. 49,11. 50,8. 50,14. 51,3. 51,4. 53,5. 54,19.
54,22. 55,6. 56,2. 56,3. 56,8. 58,4. 59,2. 60,4. 60,7 *Il serrat
en l'siecle devant la face Deu;* 64,9. 65,5. 65,10. 65,11. 67,7.
67,19. 68,3. 68,4. 68,33. 70,16. 70,21. 71,2. 71,4. 71,5. 71,6.
71,13. 72,8. 72,15. 73,7 *Il mistrent fu en tun saintuarie en
terre;* 74,3. 76,4. 76,5. 76,6. 76,11. 76,15. 76,20. 77,2 77,5.
77,13. 77,27. 77,61. 79,5. 79,6. 79,9. 79,11. 80,6. 82,4. 83,7.
83,10. 84,2. 84,3. 84,8. 86,3. 87,6. 88,3. 88,20. 88,21. 88,33.
88,40. 88,41. 88,43. 88,44. 88,46. 89,3. 89,8. 90,15.
95,13. 97,10. 97,2. 98,8. 98,8. 100,3. 101,7. 101,23. 103,19.
103,20. 103,29. 103,33. 104,17. 104,21. 104,27. 104,29. 104,31.
104,34. 104,40. 105,6. 105,14. 105,18. 105,22. 106,33. 106,35.

18,3. 109,7. 113,5. 113,20. 113,21. 114,1. 114,5. 114,9. 115,1.
5,7. 117,25. 117,26. 118,21. 118,31. 118,58. 118,59.
18,60, 118,75. 118,106. 118,112, 118,121. 118,138. 118,145.
18,146. 118,158. 118,166. 118,174. 118,176. 121,1. 134,9.
37,2. 139,3. 139,7. 139,13. 141,2. 141,5. 142,7. 142,14. 144,1.
44,5. 144,11. 144,17. 144,20. 147,6. 147,7. 147,9. Ein
olgendes proclitisches pron. Object machte die Auslassung
es Subjectspronomens unmöglich: 34,23 *Tu l'reis, Sire ...;*
11,4 *Je me tarrai desque a la maisun Deu;* 43,11 *Tu nos
lunas sicume fug a devurer;* 43,13. 59,6. 118,147. 138,20.
142,4. 142,6.

Computus. Der Nominativ fehlt: 73 *N'arum fei né
reance ..;* 97 *Ne larrai nel vus die;* dieser Vers begegnet
im selbstständigen, uneingeleiteten Vordersatz noch 1831, häufiger
in asyndetisch verbundenen Sätzen. 179 *Volez le, bien le sai;*
179 *N'en voil or plus traitier,* ebenso 1091, 1181, 3317, ausserdem
sehr oft in Sätzen, die im Verhältniss der asyndetischen
Beiordnung zu einander stehen; 1309. 1377. 2967 *Ne devum
pas saillir.* Der Nominativ ist hinzugefügt: 77 *Il pernent la
citet;* 825. 1889. 2757.

Bestiaire. Der Nominativ fehlt: 280 *Ne voil ore plus
traiter,* ebenso 365. 412. 572. 635. 790. 896. 1052. 1248.
1290. — 1384 *Laissames la veil lai.* Häufiger ist ein Pron.
pers. als Subject am Anfange eines uneingeleiteten Nachsatzes
und eines asyndetisch verbundenen Satzes zu ergänzen.

Der Nominativ erscheint: 15 *Il ad le vis heduz;* 693 *Ele
est beste entendable.*

Münchener Brut. Das pronom. Subject ist unausgesprochen:
431 *Prient li pur sun rasselage;* 437. 681. 1063
Acreant li ma fille ainzneie; 1251. 1755. 1963. 2265 *Juras
que ....;* 2408. 2414. 2446. 2726. 2730. 2934. 3020. 3116.
3265. 3315. 3597. 937 *Ne sorent que ...;* 1132. 1227. 1345.
2273 *Ne la lairas senz mult grant paine;* 2618. 2910. 3100.
3285. 3435. 3761. 3279. 4141. Das Pron. ist hinzugefügt:
237 *Il vient a ost contre Mezence;* 453. 583. 615. 1225. 2001.
2078. 2129. 2189. 2478. 2636. 2638. 2766. 3411. 3857. 641
Il sunt VI cent, pou unt vitaille; 1545. 1881. 3748. 1023
Je frai vostre commandement; 3205. 2389. 3591 *Il doi pristrent*

a guerroier; 3899. 867. 901. 1589. 2174. 2432. 3303. 34⁝
3733. 3737. 3983. Das Subject steht unmittelbar vor ein
tonlosen Pron. im Dativ oder Accusativ: 755 *Il li saillir,
envirun;* 775. 849. 1255 *Il lur rendirent grant bataille;* 196
2359. 2896. 3871; vor dem Reflexivpron. 2354 *Ele s'en plain
a la jurente;* 2954. 4111. 721; vor dem Adverbium *en* 28
Tu en avras tun guerdun; 3955.

Les quatre livres des Rois. Das Subjectspronome
ist unterdrückt: 3,8 *Vint s'en al tabernacle;* 15,4 *Aperceure
sei que* ...; 24,1. 27,8. 36,2. 37,5. 37,11. 49,4 *Veiz cum la vi
m'est amendée par cel poi de miel:* vidistis ipsi quia illumina
sunt oculi mei, man sollte des lat. ipsi wegen erwarten, da
das Pron. in der Uebersetzung hinzugefügt worden wäre
51,8. 52,6. 53,15. 54,5. 55,15. 58,10. 58,14. 62,4. 65,10. 66,11
67,2. 68,6. 70,19. 72,16. 86,1. 90,3. 91,12. 92,14. 93,8. 94,14
95,12. 99,1. 107,11. 109,1. 109,2. 109,8. 114,3 vgl. Foerster
Z. f. R. Ph. I 106, die dort von ihm vorgeschlagene Lesar
enthält asyndetisch zusammenstehende Sätze; 115,8. 115.9
117,14. 119,8. 120,4. 121,11. 122,9. 127,19. 128,5. 131.1
131,3. 135,13; *Cumandad erranment que* ..... — *Colpèrent li
piez e les puinz* ..... 137,18. 140,16. 141,15. 147,3. 148,1.
156,9. 157,6. 162,1. 168,1. 220,6. 245,6. 295.16. 301,18. 337.1.
371,9. 372,8. 379,8. 383,8 *Entrèrent tuit el temple Baal, tud*
ist wohl prädicativ, nicht Subject; 11,9 *Li evesches respundi:
Nun fis;* 11,14. 15,7 *N'en ourent pas tel hait en l'ost;* 65.15
Respundi Saül: Ne te poz pas a lui cupler; 87,15. 140,8
151,13. 161,6. 182,7 *Nu frad pas;* 185.14 *Nu fras;* 368,14
409,5. 188,8. 188,9. 196,10 *Ne vus derez pas pur ço curecier.
vus* ist nicht Nominativ, sondern Accusativ und gehört zu
curecier; 288,10. 315,8. 320,5. 358,1. 394,6. 394,13. 396,9. 410,14.

Die Setzung der Subjectspron. findet statt: Wir citieren
zuerst die Stellen, an denen der Nominativ wegen eines folgenden
tonlosen Pron. im Dativ oder Acc. nicht ausgelassen
werden konnte. 71,17 *Iu li durrài pour ço que* .....; 74.2.
80,18. 90,15. 120,8 *Il se sunt del champ fuiz;* 121,6. 146,4.
200,6. 209,3. 209,14. 209,16. 218,8. 227,11. 292,2. 295,19
Vus m'avez guerpid e jo vus guerpirai darf nicht mitgezählt
werden, da das Pron. *vus* dem folgenden *jo* gegenüber her-

ɔhoben ist; 306,3. 337,12., 357,1. 371,2. 417,12. Der
inativ steht unmittelbar vor dem Adverbium *en* 39,2 *Il
it testimonies;* 110,2. 361,2; vor dem Adverbium *i* 90,13
undi nostre Sire: Il i rendrad; 108,8. 179,2.
Ohne Begleitung eines proclitischen pronominalen Objects
ieint der Nominativ: 10 *Note . . . Jesu Crist, ki de sei-meisme
Io faz tuz jurs iço que à mun père plaist;* 17,2. 29,16
n'avum ne pain ne el que . . . 29,18. 83,9. 86,18. 105,11.
7. 123,10. 136,2. 136,15. 142,14. 149,13. 155,13. 162,15.
1. 188,2. 188,15. 191,1. 192,3. 197,3. 201,11. 209,5.
,12. 209,13. 217,10. 223,8. 229,8. 231,7. 236,9. 259,14.
,1. 293,18. 322,12. 323,15. 332,4. 336,16. 337,3. 340,21.
,18. 355,10. 357,4. 358,9. 362,18. 372,4. 381,9. 398,22.
.10. 430,4.

Abgesehen von den Fällen, in denen der Nominativ
:m anderen Pron. oder einem Substantiv gegenüber hervor-
oben ist, zeigt sich derselbe noch an einigen Stellen, wo
eits in der lateinischen Vorlage ein Pron. steht und mit
Setzung eine stärkere Betonung des Subjects verbunden
Bei der Bestimmung der Verhältnisszahl der Sätze,
che ein pronominales Subject aufweisen, sind diese Bei-
ɔle natürlich nicht zu berücksichtigen. 31,4. 38,9. 54,1.
16. 103,9. 109,19. 133,15. 136,4. 144,5. 145,3. 149,8. 181,6.
ɔ,12. 227,5. 230,2. 233,4. 234,10. 279,14. 316,1. 406,3.
ı proclitisches pron. Object folgt: 93,15. 108,9. 143,10.
9,1. 202,5. 337,10. 366,2.

Will man die Verhältnisszahl der uneingeleiteten, selbststän-
ɡen Vordersätze bestimmen, welche ein ausgedrücktes Sub-
:t besitzen, so muss man die Fälle, in denen der Nominativ
ɡen eines folgenden proclitischen Objectspr. oder der Adver-
ɔn *en* und *i* nicht ausfallen konnte, sowie die völlig gleich-
ɪtenden Stellen -- meist stehende Redensarten oder kurze
ɪtze, die ein Hemistich ausfüllen -- von der Gesammtzahl
r Sätze ausschliessen. Dann ergibt sich Folgendes.[1]) Das

---

[1]) Diejenigen Denkmäler, die nur Beispiele für die Hinzufügung
ʹulalia und Passion) oder nur Beispiele für die Auslassung des Pron.
.lexanderfragm.) liefern, in denen die Setzung resp. Nichtsetzung des

Leodegarlied weist 33% Fälle auf, in denen das pron. Subject hinzugefügt ist, Alexislied 26%, Rolandsl. 43%, Gorm. et Isemb. 70%, Karls Reise 39%, Brandan 17%, Oxf. Ps. 61%, Cambr. Ps. 82%, Computus 36%, Bestiaire 50%. Münch. Brut 52%, Q. L. R. 45%. Aus diesen Zahlen ist ein regelmässiges Fortschreiten der Setzung des Pron. in den einzelnen Texten nicht ersichtlich. Das älteste Franz. scheint in diesem Punkte also kein Gesetz zu kennen und gestattet sich die grösste Willkür in der Verwendung des Subjectspronomens. Der Gebrauch, der in späterer altfranz. Zeit herrscht, die Sätze nicht unmittelbar mit dem Verbalbegriffe zu beginnen (Diez III[4] 303, Klatt a. a. O. 11), zeigt sich noch nicht in unseren Texten -- abgesehen von den beiden Psalmenübersetzungen, die eine Sonderstellung einnehmen. Wir treffen vielleicht das Richtige, wenn wir sagen, dass um die Mitte des 12. Jahrh. das Subjectspronomen in uneingeleiteten, selbstständigen Vordersätzen fast eben so häufig gesetzt als ausgelassen ist.

b. Im eingeleiteten Vordersatze.

a. Der Vordersatz ist eingeleitet durch das Object.

Passion. Das Subjectspron. ist unterdrückt: 19a *Los sos talant ta fort monstred;* 30c. 34d. 56c. 73a. 97a. 57a leitet ein Dativ ohne Präposition, also in der Form eines Acc. den Satz ein *Barrabant perdonent la uide.* Ein Objectsinfinitiv beginnt den Satz 58c *rumpre l farai et flagellar.* Auch 92a *Granz en auem agud errors,* wo ein zum nominalen Object gehöriges attributives Adjectiv von seinem Beziehungsworte durch das Verbum getrennt ist, darf wohl hier aufgeführt werden.

Das Subjectspron. ist hinzugefügt: 110c *zo pensent il que...;* 115c *linguas noues il parlaran.*

Leodegarlied. Das Subject fehlt: 1a. 18d. 25a *Sos*

Subjects metrischen Gründen zuzuschreiben ist, erlauben natürlich keinen Schluss auf die Verwendung des Nomin. der verbundenen Pron. pers. und sind daher nicht zu berücksichtigen.

cleries pres renestiz, Lücking: *Ses clerjes prist il revestiz;* 27a. 31a. 37e.

Der Nominativ ist hinzugefügt 22a *Domine deu il cio Laissat;* Paris schreibt iluoc, Bartsch in cio, P. Meyer il lo, wo lo das vorangehende Object wiederaufnehmen würde, Stengel denkt an illo (Wörterbuch 101 in der 2. Spalte unter co).

. Alexislied. Das Pron. fehlt: 6c. 6 3a *Co li deprient la sue pietet que*...; 64c. 70a. 76c. 79c. 80b. 99d. 19d *larges almosnes que gens ne len remest dunet as poures u quil les pout trouer.* Das Subject ist ausgedrückt 50d *co ne uolt il que sa mere le sacet.*

Rolandslied. Le Coultre: De l'ordre des mots dans Crestien de Troyes Dresde 1875 bemerkt pg. 34, dass das Pron. pers. als Subject besonders häufig unterdrückt werde, wenn das Object den Satz anfange. Morf a. a. O. 212 Anm. 1 sagt: „Die von Le Coultre aufgestellte Behauptung, dass das Subjectspronomen namentlich häufig fehle, wenn das Object den Satz einleite, bestätigt sich für das Rolandslied nicht. Das Pronomen ist keineswegs häufiger omittiert als in anderen Fällen." Aus dem Folgenden geht aber hervor, dass das Rolandslied sich nicht anders verhält wie die übrigen altfranz. Sprachdenkmäler, dass auch in diesem Texte die Auslassung des pronominalen Subjects in den durch das Object eingeleiteten Sätzen das Gewöhnliche ist.

 Das Subject ist zu ergänzen: 345 *Esperons dor ad en ses piez fermez;* 418. 605. 789. 834. 2929. 2936. 952, 1044 *Bataille aurez unches mais tel ne fut;* 1130. 1460. 3304. 1171 *Vostre olifan ne deignastes suner,* vgl. 1101 *Vostre olifan suner uos nel deignastes;* 1179. 1197. 1506. 1539. 1591. 3165. 1234. 1260. 1350. 1256. 1486. 1566. 1590. 1567. 1639. 1959. 1973. 1975. 2373. 2442. 2455 *La flur de France as perdut;* 2705. 2930. 3052. 3237. 3325. 3415 vgl. Th. Müller's Lesart; 3964; das betonte Objectspron. hebt den Satz an, 2834 *Mei ai perdut et tute ma gent;* ein Objectsinfinitiv 3907 *Sustenir uoeill trestut mun parentet;* 313 *Respunt Rollanz orgoill oi et folage;* 550 *Dist li Sarrazins merueille en ai grant.* Da das erste Hemistich eine Silbe zu viel, das zweite eine zu wenig enthält, ist eine Aenderung vorzunehmen. Th. Müller und Gautier schreiben *Dist li paiens: Merveille en ai jo grant;* da die Setzung des Subjectspron. in den durch das Object eingeleiteten Sätzen aber zu den Seltenheiten gehört, dürfte die Lesart von Hofmann *merueilles en ai granz* den Vorzug verdienen. 760. 1712 *Respont li quens colps i ai fait mult genz* vgl. Morf pg. 212. 1948. 3200. 3600. 3846.

Das Subjectspronomen ist hinzugefügt: 582 *Guenes respunt co nos sai io bien dire;* 1034 *Sul les escheles ne poet il acunter;* 1376 *Co dist Rollanz nos receif jo frere, vos* ist natürlich die betonte Form; Müller schreibt des Versmasses wegen *Or rus receif jo frere;* 2114 *Dist lun al altre Karlun aurum nus ia;* 3189 *Trestuz les altres ne pris io mie un guant;* 1101 *Vostre olifant suner rus nel deignastes,* das vorangehende nominale Object ist aber hier beim Verbum durch ein Objectspron. wiederaufgenommen und deshalb nicht im Stande seine Wirkung auszuüben, nämlich die Auslassung des Subjects nach sich zu ziehen. Der zweite Halbvers enthält selbst ein Subject und erscheint ganz unabhängig von dem absolut vorangestellten *vostre olifan* (vgl. Morf 212). Ueber die Wiederholung des den Satz einleitenden nominalen Objects, von der die Hinzufügung des Subjectspronomens abhängt, sind hier einige Bemerkungen zu machen. Wenn das Object am Anfange des Satzes steht, so schreibt der heutige Sprachgebrauch vor, dasselbe beim Verbum durch das entsprechende Personalpronomen zu wiederholen. Auch das Altfranz. befolgt diese Regel in einigen Fällen. Die Wiederholung des vorangestellten nominalen Objects ist dann erforderlich, wenn das Verbum sein Subject vor sich hat, und dieses sich dem Object unmittelbar anschliesst. Steht dagegen das Subject hinter dem Verbum, oder ist das Pron. als Subject unterdrückt, so ist die Wiederholung des Objects durch das Fürwort nur dann möglich, wenn sich zwischen das vorstehende Object und das Prädicat ein anderes Satzglied einschiebt. Beispiele für diese Regel findet man bei Gessner, Zur Lehre vom französischen Pronomen I. Teil Berlin 1873 pg. 17. Ist also das den Satz anhebende nominale Object beim Verbum durch das entprechende Personalpronomen wiederaufgenommen, und tritt zwischen das Object und Verbum kein anderes Satzglied, so muss das personale Pronomen als Subject diese Stelle einnehmen. Diese Regel erklärt das Vorhandensein des Subjectspron. in 1101; im analogen Verse 1171 *Vostre olifan ne deignastes suner* ist das Object nicht wiederholt, die Setzung des Nomin. also nicht erforderlich.

In den vorher citierten Beispielen für die Setzung des Pron. ist Pass. 110c, Alexis 50d, Rol. 582 das Object das neutrale Demonstrativpronomen *co*, Rol. 1376 das betonte Pron. *ros*, die Wiederholung des Objects also unmöglich. Rol. 1034, 2114, 3189 ist das Object ein Substantiv, aber nicht beim Verbum durch das entsprechende Personalpron. wiederaufgenommen. An sämmtlichen Stellen steht das Subjectspron. den Regeln der Wortstellung gemäss hinter dem Verbum und ist aus metrischen Gründen hinzugefügt. Im Leodegarlied 22a ist *il* nur haltbar, wenn man *lo* statt *cio* setzt, das sich auf das vorangehende Object *domine deu* bezieht.

Gormund et Isembard. Das Subjectspron. fehlt 550 *Faissier le fist d'un pelirun*. Das Subject zeigt sich 511 *Nu (= ne le) ferai jeo, dist Isembarz*.

Karls Reise. Das Subject ist nicht ausgedrückt 70. 73. 104. 137. 163. 178. 267. 336. 278. 462. 491 *Grant huntage avez dit;* 627.

Alexanderfragment. Das pron. Subject ist ausgelassen 25 *contar uos ey pleneyrament. del Alexandre mandament;* 82 *Magestres ab beyn affactaz*.

Brandan. Der Nominativ fehlt 59. 65. 179. 247. 261. 409. 440. 794. 567 *La nef leisent en leugue;* 799. 843. 869. 927. 937. 1045. 1053. 1077. 1165. 1235. 1269. 1297. 1563. 1619. 1692. 1765. Wenn man in dem Gerundium einen Accusativ sehen soll (Soltmann, Franz. Studien I 367), wären hier anzuführen 333 *Forment plurant dist as freres;* 369 *Parfunt clinant saisit les en....* Das Pron. ist hinzugefügt 128 *Seignurs co que pensed auum Cum el est gref nus nel sauum* wo ein ganzer Satz, der das Object bildet, durch das neutrale Objectspronomen *le* beim Verbum wiederaufgenommen ist.

Oxforder Psalter. Das Subjectspron. fehlt 7,16. 11,4. 13,9. 13,7. 20,2 *Le desiderie de sun cuer dunas à lui;* 20,4.

24,13. 26,7. 31,9 *Entendement te durrai;* 35,4. 38,10. 39,9. 39,10. 39,13. 40,9 *Parole torcenuse establirent encuntre mei;* 41,4. 52,6. 55,8. 56,8. 58,10. 60,6. 65,14. 67,10. 73,9. 73,10 *Noz signes ne veimes;* 74,7. 77,55. 79,9. 93,5. 93,6. 100,1. 100,6. 103,2. 103,10. 110,8. 113,3. 134,16, 17. 113,14. 113,15. 114,4. 115,4 *Le caliz del Salvedur receverrai;* 115,8. 118,65. 118,131. 131,17. 131,19. 144,5. 144,9. 144,11. 144,20. 17,4 *Loanz envucherai le Segnur*; 49,21. 118,119. 131,16. 39,1 *Atendanz atendi le Seignur*. Das Subject ist ausgedrückt 8,7 *Tutes choses tu suzmisis suz ses piez;* 31,5 *Le mien mesfait je fis cuneut à tei;* 35,7. 50,16. 118,8. 118,26. 118,30. 118,32. 118,113. 118,163 *Felunie je haï e refusai;* 143,10. 64,10 *Les rives de lui enivranz, tu multiplies ses germes.* In den 11 ersten Sätzen ist der Nominativ hinzugefügt, obwohl das den Satz beginnende Object nicht beim Verbum durch das entsprechende Personalpron. wiederaufgenommen ist. Dass keine altfranz. Originalconstructionen hier vorliegen, beweist der Umstand, dass überall das Subject zwischen Object und Verbum steht, während der sonstige altfranz. Sprachgebrauch sich in der Regel für die Stellung des Subjects hinter dem Verbum entscheidet (vgl. Morf a. a. O. 212; Franz. Stud. I 342). Die dem lateinischen Original sich eng anschliessende Uebersetzung macht neben so manchen anderen Spracheigentümlichkeiten in dem Oxf. Ps. die unrichtige Verwendung des Subjectspron. in den durch das Object eingeleiteten Sätzen erklärlich (vgl. Gessner a. a. O. 18). Auch diejenigen Stellen, an denen in syndetisch und asyndetisch aneinandergereihten Sätzen das Subject trotz der Nichtwiederholung des Objects durch das Personalpron. sich zeigt, mögen hier angegeben werden 9,6. 37,19. 50,4. 61,4. 88,10. 90,8. 98,4. 118,22. 118,45. 118,56. 118,67. 118,94. 118,100. 118,131. 118,163. 138,3. 3,7. 9,5. 38,12. 39,13. 49,21. 50,7. 50,18. 88,12. 118,95. 118,128. 118,163. 138,2.

Cambridger Psalter. Der Nominativ fehlt 7,15. 13,8. 13,9 *Le conseil des povres confundistes;* 14,5. 20,2. 20,4. 22,3. 24,13. 26,5. 35,4. 40,8. 49,19. 49,21 *Cestes choses fesis, e jo toi;* 50,16. 56,7. 58,9. 60,6. 65,6. 65,13. 67,10. 73,9. 77,50. 88,45. 93,5. 93,6 *La redve e l'adventiz tuerunt;* 93,21. 100,1.

100,5. 103,9. 110,4. 110,5. 110,6. 110,9. 112,6. 113,2. 113,12. 113,13. 113,14. 134,16, 17. 115,4. 115,9. 118,26. 118,32. 118,65. 118,113. 118,131. 131,16. 131,18. 134,6 *Tutes choses quescunques volt li Sire, fist el ciel e en terre;* 138,3. 143,9. 144,7. 77,26 *Puin des forz que il manjassent, viandes enveiad a els en saülere;* 7,12 *Nient repeirant sa espée aguserat;* 77,71 *Siwant les feünées amenad lui, que il poüst Jacob le pueple de lui;* 131,15. Das Subjectspron. ist hinzugefügt 17,3 *Le loet Seignur jo apelerai;* 34,18. 55,8. 88,12 *Aquilon e destre tu crias:* Aquilonem e dextrum tu creasti; 114,4. 118,8. 118,30. 118,104. An diesen 8 Stellen tritt das Subjectspron. zwischen Object und Verbum, obgleich die Wiederholung des ersteren nicht stattfindet. Sprachwidrig ist die Wortstellung auch 39,1 *Atendant jo atendi le Seignur:* Exspectans exspectavi Dominum. Dagegen sind die Regeln der Wortstellung nicht verletzt in den folgenden Beispielen 39,6 *Multes choses fesis tu, Sire li miens Deus*: Multa fecisti tu, Domine deus; 39,12. 61,11 *icestes does choses oï jeo;* 79,8. Ein am Anfange der Rede stehender Objectssatz, der ein Object vertritt, ist beim Verbum durch das neutrale Pronomen *le* wiederaufgenommen 39,10 *Que je feïsse a tei, je l' voil..*

Computus. Das Subjectspronomen fehlt in allen Beispielen 12 *Iço vus di par mei;* 323. 443. 447. 449. 651. 663. 671. 829. 971. 1133. 1135. 1147. 1253. 1267. 1387. 1423. 2093 *Co dirrai par raisun Sulunc m'entenciun;* 2331. 2351. 2355. 2605. 2828. 2883. 3108. 3041. 3301. 617 *Co que semuns cuildruns;* 637 *Que seit meis demustruns.*

Bestiaire. Wir finden nur Beispiele für die Auslassung des Pronomens: 7 *Un livere voil traiter;* 63. 369. 659. 691. 1263, 1393.

Münchener Brut. An sämmtlichen Stellen ist das pronominale Subject ausgelassen: 7. 107. 139. 181. 206. 249. 257 *Merveille grant poeiz oïr;* 631. 921. 645. 669. 689. 923. 792. 854. 945. 1065. 975. 1011. 1097. 1139. 1329. 1457. 1465. 1471. 1513. 1539. 1563. 1577. 1619. 1631. 1793. 1835. 1866. 1911. 1927. 1929. 1951. 2033. 2134. 2227. 2235. 2259. 2277. 2281. 2323. 2430. 2472. 2493. 2572. 2667. 2700. 2720.

2762. 3008. 3096. 3301. 3415. 3425. 3603. 3455 *Sa fille en
a od soi meneie;* 3475. 3501. 3661. 3735. 3785. 3879. 3939.
4003. 4053. 4145. 4147. 513 *Purchacier vuelent la franchise:*
523. 543. 625. 1669. 1893. 2847. 3847. 4022. 3927 *En dormant a veü un sunge.*
Les quatre livres des Rois. Das pronominale Subject
fehlt 1,3. 4,11. 7,3 *Le mésaisé esdrece del puldrier;* 7,7. 12,7.
15,5. 16,3. 20,2. 22 Note *Cele (sc. arche) portent en un char;*
27,9. 27,17. 28,1. 28,8 *Rei volum aveir;* 38,7. 38,8. 42,5
... *e dist: Iço voil que...* 75,7. 77,14. 99,16. 119,11. 135,17.
150,12. 152,18. 159,6. 189,12. 189,15. 203,7. 205,7 *Nostre
Seignur apelerai;* 207,2. 208,10. 209,6. 229,1. 240,4. 241,12.
241 Note. 245,18. 246,14. 250,11. 266,14. 254,2. 265,15.
266,16. 266,24. 267,4. 294,24. 295,5. 296,22. 304,5. 320,20.
321,15, 17. 324,18 *Ceste merveilluse multitudine de pople que
tu as véue te liverai à cest jur de ui;* 332,9. 349,1. 363 Note.
396,5. 405,10. 396,11. 412,4. 414,16 *Les siéges que tu as fait.
e tun aler e tun venir, e ta cruelted e ta forsenerie, bien le
soi e annunciai devant par mes prophètes,* an dieser Stelle ist
das vorangehende Object durch das entsprechende pers. Fürwort wiederholt; das Subjectspronomen ist aber nicht gesetzt,
da zwischen Object und Verbum ein anderweitiges Satzglied,
nämlich das Adverbium *bien,* sich einschiebt: 421,18, 424,16
Co dirrez à celi ki chà vus enveiad.

Das Subject ist ausgedrückt 338,10 *l ço verras tu bien,* die
einzige Stelle in Q. L. R., an der nach dem als Object verwandten neutralen Demonstrativpron. *ço* der Nominativ der
verbundenen Pron. pers. nicht unterdrückt ist. In den folgenden
Beispielen ist das Object beim Verbum durch das Objectspron.
wiederholt 27,19 *Voz blez, les fruiz dels vignes, il les dismerra,*
dagegen enthält der unmittelbar vorhergehende Satz 27,17
Voz champs, voz bones vignes, vos oliuers, toldra kein Subjectspron., da die Wiederholung des Objects hier nicht stattfindet.
56,20 *Le cumandemant Deu jo l'oï;* 76,10 *Ses draz il les
ostad;* 135,9 *Celi ki la mort Saül me nunciad, je l'fiz prendre
e ocire;* 251,19. 328,7. 375,18. 413,16. 424,19.

Als Resultat der vorhergehenden Untersuchung über den
Gebrauch des pronominalen Subjects in den durch das Object

eingeleiteten Vordersätzen haben wir Folgendes hinzustellen. Das an der Spitze des Satzes stehende Object verlangt der Regel nach die Unterdrückung des Pron. als Subject; der Sprachgebrauch erheischt die Hinzufügung desselben, wenn das Object beim Verbum durch das entsprechende Personalpron. wiederaufgenommen ist und zwischen Object und Verbum kein anderes Satzglied tritt. Die in den Psalmenparaphrasen begegnende Construction, den Nominativ der verbundenen Pron. zwischen Object und Verbum einzuschieben, auch wenn ersteres nicht wiederholt ist, muss als Anomalie bezeichnet werden.

β. Der Vordersatz ist eingeleitet durch eine prädicative Bestimmung.

Passion. Das Subject fehlt 43a *Anna nommauent le Judeu*; 58b *zo dis Pilaz forsfaiz non es*, „er ist kein Missethäter." Diez: Zwei altrom. Gedichte pg. 29. — Das Prädicativ ist ein Partizip 102a *Anaz en es et non es ci*; 122a.

Leodegarlied. Das Pronom. fehlt 6c *perfectus fud in caritet;* Lücking: *Perfeiz fut il.*

Alexislied. Das Subject izt nicht ausgesprochen 82a *Blanc ai le chef;* 44e *tut soi amferm;* 2d.

Rolandslied. Das Subjectspron. ist unterdrückt 11 *Alez en est en sun verger suz l umbre*; 462. 3682. 3744. 3778. 1296. 3513. 126 *Enquis ad mult la lei de saluetez*; 282. 2005. 2148. 3132. 3591. 304 *Vairs out et mult fier lu uisage,* Th. Müller: *Vairs out les oils e mult fier lu uisage;* 1343. 2278 *Bels fut e forz e de grant uasseluge;* 801 *Hom sui Rollant jo ne le dei laissier;* 1027. 2725. 3773. 3893. 3987. Hinsichtlich der 6 letzten Beispiele ist auf das von Morf pg. 234 Gesagte zu verweisen, wonach ein mit dem verbum substantivum verbundenes prädicatives Substantiv nur dann dem Verbum vorangeht, wenn kein Subject gesetzt ist.

Karls Reise. Auslassung des Subjects findet statt 47. 578 *De fer est u d'acier*; 797. 273. 438. 539 *Tut avez le peil blanc, mult avez les ners durs,* vgl. die von Suchier Zeitschrift IV 211 vorgeschlagene Lesart *tut* oder *tant aiez le peil blanc*. . . .

Hohes Lied. Das Subject fehlt 19 *Blans est et roges plus que*; 25 *Dolcor de mel apeleid mes leures*, Foerster und Stengel schieben nach dem Verbum das Pron. ein, G. Paris und Bartsch schreiben *apeleid a mes levres*.

Alexanderfragment. Das Pron. als Subject ist ausgefallen 37. 60 *Saur ab lo peyl cum de peyson;* 66.

Brandan. Der Nominativ ist unterdrückt 519. 721. 1424 *Anguisus sui pur poi ne fent* 893.

Oxforder Psalter. Das Subject fehlt 13,2 *Corrumput sunt*; 52,2. 16,6. 30,16. 78,4. 34,19. 37,8. 54,2. 101,5. 118,107. 39,17. 44,17. 68,2 *Enfichiez sui el limun de la parfundece;* 87,4. 87,9 89,16. 118,12. 118,60. 106,27. 36,26. 37,6 *Chaitif sui faiz*; 68,11. 88,9. 101,7. 118,137. 44,19 *Remembredur ierent del tuen num;* 76,11. 86,3. 104,7. 110,5. 118,52. 118,55. 79,10 *Duitre d'eire fus en l'esguardement de li;* 81,6. 76,14 *Cuneude fesis ès poples la tue vertud;* 87,8. 102,7.

Das Subject ist ausgedrückt 87,16 *Porre sui je e en travalz de la meie juvente;* 118,68. 118,151. 88,26 *Li mien pere ies-tu;* 90,2. 117,27. 118,114. 118,125. 139,7; 118,94. 118,141. 39,7 *Multes fesis tu, Sire li miens Deus, les tues merveilles.* An diesen Stellen steht das Subject hinter dem Verbum. Sprachwidrig ist die Wortstellung 15,1 *Li miens Deus tu es;* 30,18. 34,3. 39,24. 41,12. 69,7. 118,19. 118,63 *Parçunier je sui de tuz criemanz tei;* 15,11 *Cuneues à mei tu fesis les veies*. Das Subjectspron. steht an sämmtlichen Stellen im lateinischen Texte und ist meistens betont. Die Construction, das pronominale Subject nach einleitender prädicativer Bestimmung zu setzen, die der Sprache durchaus ungeläufig ist, findet in dem Bestreben des Uebersetzers, dem latein. Texte genau zu folgen, ihre Erklärung.

Cambridger Psalter. Das Subjectspronomen ist ausgelassen 30,20 *Orré as [as] esperanz en tei*; 37,6. 68,2. 68,10. 78,4. 82,10. 87,4 101,6. 114,7. 36,25 *Emfes fu;* 39,15. 87,18 *Luinz fesis de mei l'ami e le compaignun;* 102,7. 87,8 *En loin fesis me cuneüz de mei : Longe fecisti notos meos a me;* 50,9.

Das Subject ist ausgedrückt 15,1. 26,11 *La meie aie tu fus*; 30,15. 34,3. 38,9. 39,22. 62,1. 75,4. 89,1. 118,63. 118,162. 118,19 *Estrange je sui en terre*; 117,29 *Li miens Deus ies tu;*

118,68. 118,94. 118,125. 118,141. 118,151. 139,7. Die Setzung findet hier sogar häufiger als die Auslassung statt, eine Eigentümlichkeit, die durch die Uebersetzungsweise erklärlich gemacht wird.

Computus. Das Subjectspron. ist überall ausgelassen: 451 *Chevaliers fut vaillanz;* 817. 1301. 1957. 1629. 2651.

Bestiaire. Das Pronomen fehlt 258. 1374. 1388. 1567 *Mustre ai de treis maneres, de bestes, de oisels, e de peres.*

Münchener Brut. Wir finden nur Beispiele für die Auslassung: 97 *Cunquise unt puis mainte contree;* 301. 1231. 2035. 3197. 3691. 1549 *Tote uelent gasteir la terre;* 4097. 142 *Venu en sunt a la bataille;* 178. 239. 253. 3219. 3397. 115 *Bele ert et prouz, curtoise et sage;* 2596. 735. 3353. 1567. 2412. 2520. 3397. 3999 *Gries e pesanz fu plus qu'anceis;* 4103. 4151. 229 *Rois fu e sire de la terre;* 1049. 1061. 2946. 1075. 3731. 3803. 3973. 3061 *Lor provendier unt fait del roi.*

Les quatre livres des Rois. Das Subject ist zu ergänzen 16,1 *Dessired out ses drapels;* 176,18. 19,6. 55,8. 34,10. 38,10. 38,14. 39,13. 49,13. 56,13. 57,6. 216,17. 53,4 *Anumbred ai les mals que . . .;* 137,3. 159,14. 190,15. 207,9. 209,1. 243,5. 267,20. 267,21. 350,17. 381,6. 111,5 . . . *si li dist; Tute ai fait ta volenté;* 163,1 *Malade te feindras;* 59,13 *Mandez fut;* 372,8. 38,13. 38,14. 87,7. 102,3. 250,12. 392,12. 169,14 *Tuz murrums, e sumes cume l'ewe ki . . .;* 2,5 *Filz furent Hély;* 13,5. 26,12. 65,16. 69,5. 72,7. 96,11. 115,14. 195,5. 228,10. 382,1. 98,12 *Pur mur e pur guarantise nus furent, par nuit e par jur.* Das Pronomen ist hinzugefügt. Eine prädicative Bestimmung leitet die Wunschsätze ein 55,4 *Beneit seies-fu. Ande nostre Seignur Deu,* Benedictus tu Domino; 106,4. 124 *Beneit seiez-vus de nostre Seignur, ki merci à vostre Seignur féistes.* Das Subjectspron ist an diesen Stellen betont und steht daher nicht in Widerspruch mit dem sonstigen Sprachgebrauch.

Aus dem Vorhergehenden ergiebt sich, dass in den ältesten französischen Sprachdenkmälern ausser den Psalmenübersetzungen in Vordersätzen, die mit einer prädicativen Bestimmung anheben, das persönliche Fürwort als Subject regelmässig unterdrückt ist.

γ. **Der Vordersatz ist eingeleitet durch eine adverbiale Bestimmung.**

αα. Durch ein Adverbiale der Zeit.

Passion. Das Subjectspron. ist ausgelassen 1a *Hora vos .dic uera raizun;* 26c. 63c *dunc lo saludent cum senior;* 88c. 104c. 35c *terce uez lor o demanded.*

Leodegarlied. Das Subject fehlt 2a *Primos didrai uos dels honors;* 26a. 27e. 28e.

Alexislied. Der Nominativ ist nicht gesetzt 4d *dunc prist muiler uailante et honurede;* 15d. 16a. 47a, wo Paris *Cil* statt *dunc* schreibt; 5a. 7d. 79e. 8d *or uolt que...;* 21a. 22e. 30d. 42d. 71c. 27e. 91c. 91e. 38d *ensur nuit sen fuit de la ciptet;* Paris: *En mie noit s'en fuit de la cited;* 49a. 56a. 60a. 69a. 81d *puis mun deces en fusses enoret.*

Das Pron. ist gesetzt 56d *Or set il bien qued;* 89b. 99a *Ore sui io uedue dist la pulcela;* Paris: *Or par sui redue...*

Rolandslied. Der Nominativ fehlt 357 *Enpres li dient;* 1296. 1303. 1335. 1499. 1964. 405 *Tant cheualcherent e ueies e chemins. Que...;* 2689. 594. 2064. 660 *Pois est muntet;* 1358. 1408. 1511. 2669. 2851. 3091. 3460. 3469. 3601. 1055 *Sempres ferrai de Durendal granz colps;* 2053. 1771 *Ja estes ueilz e fluriz e blancs.* Die Herausgeber schieben des Versmasses wegen hinter *estes* das Pron. *vus* ein. 2046. 2253. 156 *Charles respunt uncore purrat guarir;* 2714. 3195. 3275. 3761. 3896. 162 *Lo noit demurent tresque uint al iur cler;* 2495. 972. 1858. 2076 *As premers colps i unt ocis Gualter;* 2645. 3027.

Das Subjectspronomen ist hinzugefügt 1775 *Ja prist il Noples seinz le uostre comant;* 2743 *Ja ueez uos que;* 3413. 3825. 289 *Or irez uos certes;* 1935 *Co dist li quens or sai io ueirement;* 2003. 3837.

Gormund et Isembard. Das Pronomen als Subject ist ausgefallen 281. 487. 464 *Or rit Gormund mort en la pree;* 604. 384 *A irest mot s'est eslaissiez.*

Karls Reise. Das Subject fehlt 55. 581. 57 *Ja n'en prendrai mais fin treske l'avrai veut;* 75. 549. 561. 815. 842. 195. 316. 734. 758. 613. 804 *Hui devuns faire feste, barnage e grant deport;* 523. 556. 644. 684. 173 *Al tierz jurn relevat;* 237. 313. 325. 702. 564. Das Subject ist ausgedrückt 11 *Uncor cunquerrai-jo citez od mun espiet,* Suchier a. a. O. 405 will lesen *Uncore cunquerreie,* das Pron. also unterdrücken. 33. 843 *Ja unt il tant del mien k'il nel poeent porter;* 803. Brandan. Das Subjectspron. ist ausgelassen 145 *Dunc prent cunge a ses freres;* 589. 279. 453. 1401. 1653. 559. 1607 *Or turnent uers lur hoste;* 1796. 669. 697. 889. 1291. 1715. 1155. 635. 1808. 327. 427. 625. 749. 1306. 1347 *Ouoec la nuit un jurn sui sus;* 1358. 1359. 1389. 1399 *Al vendresdi reuenc amunt . . .* 1411. 1541. 1576. 1663. 874.

Oxforder Psalter. Das Subject ist nicht ausgesprochen 2,5 *Lores parlerat à els en sa ire;* 88,19. 125,2. 19,6. 91,14. 128,2 *Surent escumbatirent mei dès la meie juvente;* 5,4 *Le matin esterrai à tei e rerrai;* 36,27. 54,19. 78,15. 80,7. 85,6. 88,2. 88,28. 88,35. 100,10. 117,5. 118,62. 118,93. 128,1. 144,2 *Pur sengles jurz beneïstrai;* 55,10.

Das Subjectspronomen ist hinzugefügt 17,7 *En la meie tribulatiun je apelai le Segnur;* 94,9 *Tutes ores il folient par cuer;* 101,3. 137,4. 101,26. 118,15 *El comencement je conui de tes testimonies;* im Cambr. Ps. steht hier kein Pronomen. In diesen Beispielen ist die Wortstellung sprachlich uncorrect. 50,20 *Lores receveras-tu sacrifise de justise,* ohne Pron. im Cambr. Ps.; 118,6 *Lores ne serai-je confundu,* ebenfalls ohne Pron. im C. Ps.

Cambridger Psalter. Auslassung des Subjects findet statt 2,5. 50,20 *Lores receveras sacrifises de justise;* 118,6 *Lores ne serai confundut;* 91,13. 5,2. 36,26. 47,7. 54,18. 77,40. 80,7. 85,7. 88,4. 88,29. 88,36. 89,6. 100,8. 105,41. 118,62. 118,93. 118,152; 118,164. 137,3. 144,2. 36,28 *En parmanabletet sunt guardet.*

Setzung des Subjectspron. findet statt 17,6. 39,9 *Dunc je dis;* 19,6 *Ore sai je que li Sires salverat suu Christ,* im Oxf. Ps. steht hier kein Pron.; 88,20 *Lores parlas tu par visiun a tes sainz,* ebenfalls ohne Pron. im Oxf. Ps.

Computus. Das Subjectspron. ist unterdrückt 623 *Dunc serrunt en luur;* 1845. 3529. 2107. 1961. 2407 *Par dis e nof anz runt;* 2774. 3133. Das pronominale Subject ist hinzugefügt

943 *Dunc fut il eshalciez.* In der Hs. steht *fud eshauvez*, ohne *il.*

Bestiaire. Das Pron. fehlt: 1271 *Aprof lur fait semblant que . . .;* 1419. 145 *El prim seir reposum, e lores nus taisum.*

Münchener Brut. An keiner Stelle ist das Subject ausgedrückt. 81 *Avant oreiz cum faitement...;* 459. 3747. 2766. 919. 970. 1697. 1875. 1907. 2321. 2850. 2676. 2712. 4176. 2822. 3134. 3507. 3012. 3621. 2243 *Unkes ne perdi en bataille;* 2988. 3489. 4160. 201. 2512 *Mult tost orent lo roi mangié;* 3703. 3951. 611. 650. 705. 758 *Par nuit vos embateiz sur nos; vos* ist hier Accusativ, nicht Nominativ; 1109. 1123. 1245, 2564. 3639. 3685. 2427. 3497. 1191 *Tot mun eeit vos honorrai;* 1887. 2167 *A male hor'est el camp venuz.*

Les quatre livres des Rois. Der Text liefert nur Beispiele für die Auslassung des Nominativ. 14,9 *Dunc tindrent lur parlement;* 14,13. 18,19. 59,6. 289,15. 378,19. 19,4 *Lores enveièrent l'arche à Accharon;* 23,12; 28,5. 316,9. 357,8. 360,13. 363,9. 372,4. 392,6. 436,3. 104,3. 30,5 *Jui vunt en la cité;* 170,17. 33,3. 35,9. 33,4. 241,19. 39,13 *Puis crièrent merci e distrent;* 71,18. 160,16. 187,14. 229,1. 254,16. 281,2. 285,8. 359,14. 382,11. 429,5. 40,4 *Ore avez vostre rei;* 131,6. 140,15. 170,14. 222,14. 260,10. 272,8. 312,16. 418,16. 278,8 *Suvent requerreit le rei en ceste baillie;* 320,8. 349,10. 383,15. 336,14. 341,5. 341,9 *Lendemain murent e errèrent par le désert de Tecué;* 369,15. 428,10. 72,15. 317,16. 12,9 *En cel jur susciterai encuntre Hély tuit ço que jo ai parlè;* 54,13. 236,6. 97,4. 171,14. 234,4. 318,1. 228,13. 294,16. 302,12. 317,18 *De rechief cumandad que;* 345,19. 372,3. 358,3. 372,5. 326,16. 374,5. 17,14. 30,13. 171,8. 323,16. 334,3 *Al tiers an de sun régned, enveiad pruveires e sages humes.*

Das pronominale Subject zeigt sich in den durch eine Zeitbestimmung eingeleiteten, selbständigen Vordersätzen im Alexis 3 Mal (an 22 Stellen ausgelassen), im Rolandslied 8 Mal (an 37 Stellen ausgelassen), in Karl's Reise 4 Mal (an 24 Stellen ausgelassen); im Oxf. Ps. 8 Mal (an 23 Stellen ausgel.), im Cambr. Ps. 4 Mal (an 24 Stellen ausgelassen), wobei bemerkt werden muss, dass in beiden Ps. nur in je 2 Beispielen die

Wortstellung correct ist. Im Computus ist das Pron. vom Herausgeber hinzugefügt. Die übrigen Denkmäler weisen kein Subjectspron. auf. Dieser Umstand berechtigt uns gewiss zu dem Schluss, dass in der poetischen Literatur der Nominativ der verbundenen Pron. pers. nur des Metrums wegen gesetzt ist. Sehen wir von den beiden Psaltern ab, die eine Sonderstellung einnehmen, so können wir behaupten, dass der Sprachgebrauch vor der Mitte des 12. Jahrh. in den durch eine adverbiale Bestimmung der Zeit eingeleiteten Vordersätzen die Auslassung des Subjectspronomens verlangte.

ββ. Durch ein Adverbiale des Orts.

Eulalia. Das pronominale Subject fehlt 10a *Enz en l fou lo getterent com arde tost.*

Passion. Das Subjectspron. fehlt 20c *per mals conselz uan demandan;* 71c. 89c. 103c *en Galilea auant en uai.*

Leodegarlied. Das Subject ist unterdrückt 7e *dauant lo rei en fud laudiez;* 8a. 24d. 28a *A terra ioth mult fo afflicz.*

Alexislied. Das Pronom. fehlt 18a *Diloc alat an Alsis la ciplet;* 55a. 114c. 85c. 28a. 39c *andreit Tarson espeiret ariuer;* 52a. 53b. 58a. 115d. 116c. 120a.

Rolandslied. Das Subjectspron. ist ausgelassen 349 *La ueisez tant cheualer plorer;* 1622. 3388. 511. 421 *Ci uos enueiet un sun noble barun;* 1922. 3843. 134 *En cest pais auez estet usez;* 266. 292. 852. 386. 720. 525. 540. 553. 671. 686 *De Marsilie sen fuient por la chrestientet,* Th. Müller schreibt *Il s'en fuirent pur la chrestientet;* 700. 901. 912. 934. 963. 911. 933. 802. 1021. 1162. 1361. 1595. 2169. 2244. 2391 *Desur sun braz teneit le chef enclin;* 2580. 2652. 2660. 3137. 2664. 2681. 2728. 2735. 2860 *A Eis esteie a une feste a noel;* 2869. 714. 919. 923. 2819. 2840 *Pur les degrez ius del palais descent;* 3779.

Das Subjectspron. ist hinzugefügt 1464 *En tanz lius les acum nus portees.* Die Herausgeber schreiben *en tantes terres* statt *en tanz lius.*

Gormund et Isembard. Der Nominativ fehlt 121. 308 *Cele part vient tut eslaissies;* 453. 518.

Karls Reise. Das Subject ist unterdrückt 270. 276. 588 *La verrez barbes traire e gernuns si peler;* 547. 595. 68 *En un luintain reialme, si Deu plaist, en irez.*
Alexanderfragment. Das Fürwort als Subject fehlt 9 *En pargamen nol uid escrit.*
Brandan. Das pronominale Subject ist an allen Stellen ausgefallen 173. 631. 1363 *Iloces sui tost ferliez;* 1417. 1613. 1555. 1585. 1625. 1597. 1777. 433. 90 *En mer se mist en un neuain;* 191. 487. 821. 1069. 1457. 1623.

Oxforder Psalter. Die Auslassung des Subjects findet statt 75,3 *Iluec debrisa les potences des arcs;* 131,18. 9,33 *En sun laz le humilierat, enclinerat sei;* 18,5. 21,9. 22,2. 26,10. 32,14 *De sun aprestet habitacle, reguardat sur tuz chi habitent la terre;* 34,18: 59,9. 60,2. 107.10. 67,24. 71,14. 72,5. 77,15. 90,12. 90,13. 103,8. 118,11. 118,101. 118,102. 119,6. 121,1. 122,1. 136,1 *Sur les flums de Babilone, iluec seimes e plorames;* 136,2. 137,2. 141,4 *En iceste veie laquele je alowe, repostrent laz à mei.*

Die Setzung des Subjects findet statt 17,28 *Ot saint tu seras sainz;* 25,35 *Es iglises je beneistrai tei, Sire;* 100,7. 129,1 *Des parfundeces je criai à tei, Sire.* In diesen Beispielen steht das Subject vor dem Verbum, während die Stellung nach dem Prädicat in den durch Adverbien und adverbiale Bestimmungen eingeleiteten Sätzen als die regelmässige zu betrachten ist, so noch bei Joinville; vgl. Marx, Franz. Stud. I 342. Inversion des Subjects begegnet 30,6 *Es tuens mains cumant-je le mien espirit,* im Cambr. Ps. ist das Subject nicht ausgedrückt.

Cambridger Psalter. Das Pronom. als Subject ist ausgelassen 52,5. 131,17. 65,9 *Enz menas nus en assegent;* 22,2. 32,14. 60,2 *Del dereine part de la terre a tei crierai;* 72,5. 75,8. 77,12. 90,12. 118,11. 118,101. 108,102. 121,1. 136,1. 136,2. 141,3. 30,5 *En la tue main cumanderai le mien espirit;* 7,13. 103,7. 122,1.

Das Subject ist hinzugefügt 17,25. 17,26. 67,23. 138,6 *Detriers e devant tu furmas mei.* Auch an diesen vier Stellen tritt die Inversion des Subjects nicht ein.

Computus. Der Nominativ fehlt 3248 *Iloc sunt aluet;*

3417 *Ariere deiz turner;* 587. 675. 1285. 3537 *A un deiz cumencier* . . .

Bestiaire. Das Subjectspron. fehlt 1039 *Si cum mustre l'escrit que Dés meimes dit,* „*En Pareis neirat, ne de Dé luinz serat.*" 1355 *En eve fait sun ni.*

Münchener Brut. Wir finden keine Beispiele für die Setzung. 1077 *Ici poreiz multiplier;* 1217. 1274. 1287. 1285. 3094. 151 *El regne de Tyrenne vint;* 171. 215. 2057. 2758. 4039. 305 *Desur lo Toivre a terre prise;* 4157. 311. 1099. 1395. 1573. 3148. 739. 2301. 392 *En Grecie ala u puis out guerre;* 561. 751. 3389. 600. 2296. 605. 2418. 2131. 723 *Enz el bos serai embuscez;* 1685. 3609. 2608. 730 *D'une part voit la traisun;* 803. 841. 1721. 1719. 917. 1661. 2956. 3189. 1057. 1271 *Par tot cururent a bandun;* 2584. 4137.

Les quatre livres des Rois. Das Subjectspron. ist ausgelassen 11,7 *e Samuel respundi: Ci sui;* 11,8. 50 Note *Devant truvas que;* 85,15. 348,8. 195,12 *Là ierc enscreliz deled le sépulcre mun père;* 204,1. 421,12. 428,10. 30,4. 35,13 *E Deu respundit: A maisun est, e si se tapist;* 46,8. 60,8. 120,7. 136,10. 146,14. 246,3. 271,8. 418,12 *Li reis respundi: De luinteine terre i sunt venuz.*

Das persönliche Fürwort als Subject begegnet 1 Mal im Rolandslied, im Oxf. Ps. an 5 und im Cambr. Ps. an 4 Stellen in selbstständigen, durch ein Adverbiale des Orts eingeleiteten Vordersätzen. Daraus ergiebt sich, dass der Sprachgebrauch auch in diesen Sätzen sich für die Auslassung des Subjectspronomens entschieden hat.

γγ. Durch ein Adverbiale der Modalität.

Eulalia. Das Subject ist nicht gesetzt 13a *In figure de colomb uolat a ciel.*

Passion. Der Nominativ fehlt 19c *de dobpla corda lz vai firend;* 54a *De multes uises lapelad;* 88b. 113c. 121a *Per toz lengatgues uan parlan.*

Die mit Adverbien der Quantität und Intensität beginnenden Sätze sind hier aufzuführen 112a *Alques uos ai deit de raizon que* . . .; ebenso die mit einem präpositionalen Genitiv oder Dativ anhebenden 118d *a toz rendra e ben e mal.*

Das Subject ist ausgedrückt 51c *fortment lo ŭant il acusand*; 110a *Fortment sun il espaventet*; 86c *a grand honor el lenportet*.

Leodegarlied. Das Subjectspron. ist ausgefallen 17a *Enuiz lo fist non uolentiers*; 23a. 40a *Del corps asaz lauez audit*. Wir führen hier auch die mit adverbialen Bestimmungen der Causalität beginnenden Sätze an 11e *por ciel tiel duol roua s clergier*.

Das Pron. ist hinzugefügt 38d *de lor pechietz que aurent fliz il los absols et perdonet*.

Alexislied. Das pronominale Subject fehlt 58c *parfitement se ad a Deu cumandet*; 6a *Tant li prierrent par grant humilitet que*...; 29c *si lat destruite cum dis lait host depredethe*, Paris *Si l'at destruite com s'hom l'oust predede*. Ueber *si*, das man auch als kopulative Partikel auffassen könnte, vgl. Wehrmann Rom. Stud. V 401 Anm. 51b. 97c. 36b. 38b. 88b *sempres regretet mar te portai bels filz*; 6d *de sain batesma lunt fait regenerer*; 33e. 46e. 47d. 24c. 52d. 124c. 113e *alques par pri e le plus par podeste. uunt en auant si derumpent la presse*.

Rolandslied. Das Subjectspron. fehlt 497 *Tant ad erret nen est dreiz que plus uiuet*, Th. Müller schreibt *Tant vos ad dit*...; 532. 699. 1009. 2973. 3040. 3409. 3855. 232. 776. 1091 *Melz uoeill murir que huntage me uenget*; 321. 1065. 1219 *Asez ad doel quant uit mort sun newold*; 1773. 2503. 1795. 1876. 2251. 3179 *Mult me merueill se ia uerrum Carlun*; 445. 537. 648 *Si li ad dit mult par ies ber e sage*; 288. 299. 2195. 2475. 3558. 350 *Ki tuit li dient tant mare fustes ber*; 2221. 2146. 453 *Dist l alyalifes mal nos auez baillit*; 2028. 2886. 149 *Par num de ocire i metrai un mien filz*; 340. 696. 768. 2073. 1518. 469. 1899. 1977. 2541. 2839. 2914 2529 *Par auisium li ad anunciet*, Müller schreibt *Par visiun il li ad anunciet*, Gautier belässt die handschriftliche Lesart; 2830. 3144. 3910. 484 *El destre poign al pain lad liuret*, Müller und Gautier lesen *El d. p. l'ad livret al paien*; 3475. 522 *De Carlemagne uos uoeill oir parler*; 2261. 2856. 3163. 3661. 3902. 2750. 807 *Respunt Gualter pur uos le dei ben faère* 1177. 1473. 1741. 1780. 2335. 3949. 3957.

Das Subjectspron. ist hinzugefügt 2835 *E cil respunt tant sy io plus dolent;* 297 *A lui lais jo mes honurs e. mes fieus;* 317 *Guenes respunt pur mei niras tu mie;* 2281 *Men escientre tu nies mie des noz.*

Gormund et Isembard. 180. 256 *Trop [en] estes vantes, briçun;* 397. 529. 540. 2 *En haute vuiz s'est escriez;* 16. 411. 207 *De ceo sui mult el cor mariz.*

Das Pronomen ist hinzugefügt 573 *De ceo fist il pechie et mal que sun pere deschevacha.*

Karl Reise. Das Subjectspron. fehlt 826 *Voluntiers le baisast, mais pur sun pere n'oset;* 53. 279. 390. 167 *E dist li patriarches: „Bien avez espleitiet!"* 453. 410. 834. 144 *A grant processiun en est al rei alez;* 162. 408. 650 *Del vin e del claret fumes erseir tuit ivre.*

Das Subjectspron. ist hinzugefügt 231 *Si fist il puis (encore), bien en guardat sa feit;* 854 *A vus ai jo turnet m'amistet;* 490.

Alexanderfragement. Der Nominativ ist unterdrückt 56 *mays ab uirtud de dies treys. que;* 65. 74. 80 *aysi s conten en magesteyr. cum trestot teyne ia lempeyr;* 79 *a fol omen ne ad escueyr. no deyne fayr regart semgleyr.*

Brandan. Das pronominale Subject ist unterdrückt 23 *Ben sout que lescripture dit;* 53. 766. 849. 1437. 1111 *Mult s'esforcent de ailurs tendre;* 1326. 415. 149. 1142. 1454. 1589 *De aigue ai uescut anz seisante.*

Oxforder Psalter. Das Subject fehlt 53,6 *Voluntrivement sacrifierai à tei;* 62,5. 82,14. 63,4. 72,19. 105,13. 118,87. 13,5 *Par lur langues tricherusement faiseient;* 72,13 *Gierres senz achaisun justifiai le mien cuer;* 65,16. 76,10. 141,1. 118,13. 118,111. 138,24. 57,7. 73,7. 102,10 *Neient sulunc les noz pecchez fist à nus;* 121,8. 4,8 *Del fruit del frument, del vin e del suen olie sunt multipliet;* 90,4. 90,16. 15,2 *As sainz chi sunt en sa terre, at fait merveiluses tutes mes voluntez en els;* 50,9. 104,10. 50,5. 30,14. 82,3. 30,15 *A ubliance sui dunet ensement cume morz de cuer;* 59,13 *En Deu ferums vertu;* 107,14. 77,36. 10,1 *El Segnur me fi;* 21,5. 40,12. 43,10. 55,4. 118,15. 55,11. 70,1. 118,100. 118,16 *En tes justificaciuns purpensai.*

Das Pronom. ist hinzugefügt 8,3 *De la buche de enfanz*

e de laitanz tu parfesis loenge pur tes enemis; 38,14 *De la fortece de ta main je defailli en encrepement*; 118,99 *Sur tuz ensegnanz mei je entendi*; 121,9 *Pur la maisun del Segnor nostre Deu, je quis bones choses à tei.*

Cambridger Psalter. Das Subject fehlt 53,6. 60,8 *Issi chanterai al tuen num asidualment*; 62,5. 82,14. 72,19. 105,12. 118,87. 3,4. 65,15. 76,11. 141,1. 118,13. 17,46 *Pur oiement de oreille obeirat a mei*; 16,10. 34,17. 44,14. 90,4. 30,12. 82,3. 118,99. 30,13. 34,15 *Ensement cum a cumpaignun, ensement cum a men frere issi alowe*; 62,3. 108,24. 118,119. 121,8. 102,10. Hier führen wir auch die mit der negativen Partikel *nient* beginnenden Sätze an 3,6 *Nient ne criendrai millers pueple*; 36,19. 39,7. 39,12. 77,30. 105,33. 104,11 *A tei durrai la terre Chanaan;* 50,4. 58,18. 115,8. 39,8 *De sacrifise e de oblatiun ne besuignes*; 90,16. 103,6. 131,11. 111,8. 10,1. 55,11. 56,1. 70,1. 21,5. 21,10. 29,9. 55,4. 55,10. 118,15 *En tes cumandemenz penserai*, 118,16.

Das Pronomen ist gesetzt 8,2. 38,13 *Pur encrepemenz pur felunie tu chastias hume*; 40,10 *En iceo cunui jeo que tu voilles mei*; 118,10. 118,100. 138,24 *Par parfeite haenge haeie jeo icels*; 16,4 ist das Pronom. betont und steht in der lat. Vorlage; 41,4 *D'ices choses recordai je.*

Computus. Das Subject ist unterdrückt 103 *Bien poent retenir Ço dunt jos voil guarnir;* 2999. 2979. 2295. 3011. 3031. 925. 337 *Pur nuit numat vespree;* 968. 1038. 1578. 90. 757. 1017. 1657. 5. 1647. 2230. 2819. 2897.

Bestiaire. Das Subjectspron. ist ausgelassen 286 *Mult aime à manger;* 489. 773 *Par engin est cuillie;* 864.

Münchener Brut. Das pronominale Subject fehlt 65 *Bien est guarnie de citeiz;* 733. 3625. 3627. 2812. 1375. *Hardiement se cumbatirent Et asprement se defendirent;* 1795. 1335. 211 *Aseiz menti sulunc la letre;* 2528. 4131. 837. 1121. 2311. 535. 1479. 2524. 2864. 2333 *Plus s'en demostre fort et fier;* 2786. 2810. 2960. 3697. 233 *A grant ost est sur lui venuz;* 1446. 2704. 1747. 2874. 3082. 3485. 4055. 2482. 3578. 3401 *Del bien qu'il out fu plus ligiers;* 3887. 2556. 3401.

Les quatre livres des Rois. Das Subjectspron. fehlt 27,1 *Bien ai oï iço que li poples te ad dit;* 65,2. 88,15. 96,1.

109,11. 113,12. 181,14. 229,11. 242,4. 260,7. 330,15. 347,16. 356,12. 372,12. 412,14. 71,8. 30,1. 36,7. 36 Note. 173,5. 136,6 *Tut issi parlèrent à David;* 188,1. 224,15. 363,2. 43,13 *Samuel respundi: Folement l'as fait;* 304,8. 295,7. 297,1. 304,20. 72,11 *Si parlad, mais il quist el;* 95,13. 123,6. 240,17. 141,18. 363,10. 35,13. 99,6 *Veirement en vain guardai tutes les choses;* 305,11. 121,3 *Pur aventure vinc al munt de Gelboé;* 208,12. 414,4. 285,12. 288,16. 207,15. 208,7. 336,1. 408,16. 56,17. 414,5. 93,2 *Pur ceste achaisun apelèrent cel liu;* 71,19. 196,8. 58,13 leitet ein präpositionaler Infinitiv den Satz ein *Pur sacrefier a nostre Seignur i sui venuz;* 69,11 *De ses guarnemenz se desvesti;* 196,12. 229,15. 209,10. 241,4. 424,15. 7,15. 28,3. 286,1. 70,7 *A David aturnent la victorie de dis milie;* 240,13. 280,6. 343,3.

Das pronominale Subject erscheint 3 Mal in der Passion (7 Mal ausgelassen), 1 Mal im Leodegarlied (4 Mal ausgel.), 4 Mal in Ch. Rol. (65 Mal ausgel.), 1 Mal im Gorm. und Isemb. (9 Mal ausgel.), 3 Mal in Karls Reise (12 Mal ausgel.), 4 Mal im Oxf. Ps. (42 Mal ausgel.), 7 Mal im Cambr. Ps. (54 Mal ausgel.). In den übrigen Texten ist das Subject unterdrückt. Aus dem Vorangehenden können wir somit die Regel abstrahieren, dass auch in den durch ein Adverbiale der Modalität eingeleiteten Sätzen die Auslassung des pronominalen Subjects vom Sprachgebrauch vorgeschrieben ist.

δ. Der Vordersatz ist eingeleitet durch eine attributive Bestimmung.

Passion. Das Pron. ist hinzugefügt 44a *De quant il querent le forsfait cum il Ihesum vicisesant.*

Alexislied. Das Subject ist unterdrückt 73d *de tut cest mund sumes iugedor;* der zweite Halbvers enthält eine Silbe zu wenig. Th. Müller will *nus sumes* lesen; G. Paris schreibt *somes nos jugedor;* die Lesart von Hofmann *sumes guvernedor* verdient den Vorzug. 106a *De lur tresors prenent lor e largent;* 105c *de noz aueirs feruns largas departies;* G. Paris: *granz departides.*

Rolandslied. Das Subjectspron. fehlt 651 *De mun aveir uos uoeill duner grant masse;* 2431. 2445 *De cels*

d'Espaigne unt lur les dos turnez; Müller: *De cels d'Espaigne unt les esclos truvez*; 3650 *De Sarraguce ad la porte abatue.*
Das Subjectspron. ist hinzugefügt 77 *Dient paien de co auum nus asez.* Der zweite Halbvers ist um eine Silbe zu lang; tilgt man das Pron., so ist der Vers metrisch correct. 1082 *Dist Oliuer dico ne sai io blasme.*

Brandan. Das Subject ist unterdrückt 99 *De parais out la uie*; 309 *Del herberger preynent oser*; 891 *Del reuenir metent termes.*

Der Nominativ erscheint 584 *E il lur ad dist de viande Jo uus truuerai plentet grande*, in der Arsenalhs., Zeitschrift f. Rom. Phil. II 445 Vers 533 steht *Icil lor a dit de viande uus trouerai a plente grande.*

Oxforder Psalter. Das Pron. ist gesetzt 118,96 *De tute consummacium vi-je la fin.* Derselbe Vers lautet im Cambridger Psalter 118,96 *De tute consummatiun vi la fin.* Dagegen zeigt sich das Pron. 17,41 *De mes enemis tu dunas à mei le dos.*

Computus. Das Subject fehlt 3523 *De Pentecuste arrez La clef, ... En avril.*

Münchener Brut. Das Fürwort als Subject fehlt 11 *Do tot lo bien que vuelt nature A oes humaine creature. Done plenté et abundance...*; 1817 *Del serelir pristrent grant cure*; 3523. 2215. 3024 *De Leïr voient la feiblece*; 4057 *Des damoiseaus fu nurequiere.*

Les quatre livres des Rois. Das Subjectspron. ist ausgelassen 403 *Des duze lignages remuad les dis de lur héritage e de lur pais.*

Dieses sind die Stellen, an denen der Satz durch eine einfache attributive Bestimmung eingeleitet ist. Wir finden 1 Beispiel für die Setzung des Pron. in der Passion (kein Beisp. für die Auslassung), 2 Beispiele in Ch. Rol. (4 Beisp. für die Ausl.), 1 Beispiel im Brandan (3 Beisp. für die Ausl.), 1 Beispiel im Oxf. Ps. (kein Beisp. für die Ausl.), 1 Beispiel im Cambr. Ps. (1 Beisp. für die Ausl.). Wenn das Subjectspron. im Verhältniss zu der Zahl der Sätze, die kein ausgedrücktes Subject besitzen, ziemlich häufig erscheint, so liegt doch gewiss kein Grund zu der Annahme vor, dass eine einleitende attributive Bestimmung sich anders verhalte wie die bereits angeführten einleitenden Satzteile. Wir dürfen die Behauptung aussprechen, dass auch in den durch eine attributive Bestimmung eingeleiteten Sätzen die Auslassung des pronominalen Subjects das Gewöhnliche ist.

ε. **Der Vordersatz ist eingeleitet durch einen vocativischen Ausruf.**

Vielleicht ist der Vocativ nicht als ein eigentlicher einleitender Satzteil anzusehen. Nach einem vocativischen Ausrufe tritt in der Rede ein gewisser Ruhepunkt ein, und das Folgende hebt gleichsam einen neuen selbstständigen Satz an. Nur so lässt sich die Tatsache erklären, dass in der Mehrzahl der Fälle die Auslassung des pronominalen Subjects nicht stattfindet. Da das Verbum resp. Pron. aber nicht den Satz beginnt, haben wir geglaubt, diese Beispiele in einem besonderen Abschnitte behandeln zu müssen.

Alexislied. Das Subjectspron. ist hinzugefügt 30c *dama dist ele io i sai si grant perte;* dem Vocativ geht noch ein absoluter casus obliquus voran 105b *Mercit seniurs nus an querreuns mecine.* Es ist zu beachten, dass im ersten Beispiele *i*, im zweiten *en* auf das Subjectspronomen folgt. Nach dem Vocativ tritt ein Ruhepunkt ein, der hier mit der Cäsur zusammenfällt, wodurch der Vers in zwei selbstständige Hälften geteilt wird. Die Adverbien *en* und *i* sind dann nicht im Stande, den Satz zu beginnen und lassen die Subjectspron. vor sich treten. Wir haben nur eine Stelle in unseren Texten gefunden, an der das Pron. in diesem Falle nicht gesetzt ist, Brandan 329.

Rolandslied. Das Subjectspron. fehlt 764 *Ahi culuert maluais hom de put aire. Quias le guant me caist en la place,* wo das Verbum einen neuen Vers beginnt.

Das Subject ist ausgedrückt 2487 *Respundent Franc sire uos dites bien;* 2754. 3414. 3335. 3769. Das Pronomen beginnt einen neuen Vers 564 *Bel sire Guenes dist Marsilies li reis. Jo ai tel gent plus bele ne uerreiz;* 2208. Der Nominativ geht einem proclitischen Objectspron. voran 863 *Bel sire reis io uos ai seruit tant;* 2909. 3406. 3492. 1723. 3015. 3458. 3808. 513 *Bel sire Guenes co li ad dit Marsilie. Jo uos ai fait alques de legerie;* 3203. Das Adverbium *en* folgt auf das Subjectspronomen 336 *Seignurs dist Gnenes uos en orrez noucles, i* 1253.

Karls Reise. Das Pron. ist ausgelassen 683; gesetzt 151.

Brandan. Das Subject ist nicht ausgedrückt 329 *Brandans lur dist seignurs uus pri* trotz des auf den Vocativ folgenden proclitischen Objectspron.; 1246; dagegen findet sich dasselbe 1789.

Oxforder Psalter. Das Subjectspron. ist gesetzt 21,2 *Li miens Deus, je crierai par jurn;* 25,31. 29,2. 29,3. 59,1. 70,19. 113,6. 138,1. 138,4. 140,1. Die Interjection *astetei* verlangt nicht die Auslassung des Pron. 39,10 ... *lores dis: Astetei je vienc ...;* 54,7 *Astetei je m'esluignai fuianz;* 58,8. 67,37. 118,40. 131,6. 138,4.

Cambridger Psalter. Das Pron. ist hinzugefügt 25,8 *Sire, je amai l'abitacle de ta maisun;* 25,31. 29,2. 29,3. 59,1. 67,12. 70,17. 74,1. 138,1. 140,1.

Das Pron. ist unterdrückt nach der Interjection 7,4 *Este tei enfantat felunie,* gesetzt 39,9 *Dunc je dis: Estevus je vienc;* 58,7. 77,20. 118,41. 138,5. 131,6.

Münchener Brut. Auslassung des Pron. findet statt 2836 *Pere, ne t'aim pas fausement;* 3849. Setzung 764 „*Seinor, jo sui de vostre gent*"; 1037. 3653. 787 „*Seinur,*" *fait il,* „*jel conois bien*".

Les quatre livres des Rois. Wir finden nur Beispiele für die Setzung. 207,5. 208,8. 349,8. 366,7; ein tonloses Pron. im Dativ resp. Accusativ folgt auf den Nominativ 210,1. 222,1. 222,9, wo das Pron. aber schon im Latein. steht; 416,11. Der Nominativ findet sich im lat. Original 168,6. 413,6.

Der einleitende Vocativ unterscheidet sich dadurch von den übrigen einleitenden Satzteilen, dass er nicht die Auslassung des Subjectspron. verlangt und nicht die Inversion des Subjects bewirkt (vgl. Morf 210). In den mit einem vocativischen Ausruf beginnenden Sätzen dürfte das pronom. Subject in demselben Umfange gesetzt resp. ausgelassen sein, wie in den uneingeleiteten Sätzen.

Anhang.

Die Auslassung des Subjects ist natürlich auch das Gewöhnliche, wenn mehrere der angeführten Satzteile den Satz einleiten.

Ein Object und eine prädicative Bestimmung gehen dem Verbum voran und bewirken die Auslassung des Nominativ an folgenden Stellen.[1]
Alexislied 19b *Tut sun auer qu od sei en ad portet. tut le depart par Alsis la citet;* das am Anfange des Satzes stehende nominale Object ist durch das entsprechende Personalpron. beim Verbum wiederholt, die Setzung des Subjects aber nicht erforderlich, da die prädicative Bestimmung *tut* zwischen Object und Verbum tritt. Ch. Rol. 3581; Brandan 403; Cambr. Ps. 31,5; Comp. 1209. 2660.

Ein Object und ein Adverbiale der Zeit.
Passion 3a. 22a. 47a. 92c; Ch. Rol. 1857; Brandan 836 *Lur caldere quil perdirent. En lan deuant or la uirent;* 1743; Oxf. u. Cambr. Ps. 88,1; Münch. Br. 2993.

Ein Adverbiale der Zeit und ein Object.
Passion 29a; Ch. Rol. 725; Hoh. L. 90; Brand. 963; Oxf. Ps. 55,5 *Tute jurn les meies paroles escommucioucent;* 76,2. 118,64; Cambr. Ps. 76,2. 101,24; Comp. 1330. 2160. 3434; Münch. Br. 341. 1205. 2487; Q. L. R. 46,19. 75,5 *De rechief ses messages i tramist;* 76,2. 97,7. 205,12.

Ein Object und ein Adverbiale des Orts.
Passion 111a *Mel e peisons equi manget;* Leod. 17d; Ch. Rol. 2306; Oxf. Ps. 20,10. 80,5; Cambr. Ps. 20,10. 80,5. 112,7; Comp. 1402. 1440 *L'unzime que trurerent, En jenvier le poserent;* 1969; Münch. Br. 1260. 2338 *Estrild, qu'il out lung tens amee, Del suzterrin l'a fors geteie;* 3447; Q. L. R. 58,6. 67,15. 300,9.

Ein Adverbiale des Orts und ein Object.
Passion 28a. 74a; Leod. 24b; Gorm. et Isemb. 341; Brand. 259. 1513; Comp. 217. 2579; Best. 1050; Münch.

---

[1] An den im Folgenden citierten Stellen ist das Subjectspron. stets ausgelassen, wenn nicht ausdrücklich angegeben ist, dass die Setzung desselben stattfindet.

Br. 659. 2708; Q. L. R. 246,1 *El munt de Moria ki en Jérusalem ert, le fundement jetad;* 281 Note z. 3, wo auf das Object wieder ein Adverbiale des Orts folgt.

Ein Object und ein Adverbiale der Modalität.
Passion 16b. 28c. 107c; Ch. Rol. 1238 *Ceste bataille ben la puum tenir;* 1731. 207. 2352. 2389; Brand. 294; Oxf. Ps. 115,5; Cambr. Ps. 58,9. 115,5. 118,163; Comp. 427. 2902. 4127; Q. L. R. 21,15. 174,14 *Sire dreit reis, quanque tu cumandes, volentiers le frum;* 324,4.

Ein Adverbiale der Modalität und ein Object.
Passion 14c. 25b; Leod. 35f; Alexis 45d; Ch. Rol. 205. 608. 2824. 3300. 49; Gorm. et Isemb. 251; Karls Reise 719 *De vus mes voluntez aemplir quier, a veir.* Das Pron. ist hinzugefügt 51 „*Pur mun chief!*" *dist li reis, „co sarrai jo uncore".* — Brand. 1450; Oxf. Ps. 43,7. 60,8; Cambr. Ps. 43,5; Comp. 1908. 1688; Best. 186. 357. 1254; Münch. Br. 416; Q. L. R. 7,13. 9,1. 60,17. 145,5. 4,10 geht ausserdem ein Adverbiale der Zeit dem Verbum vorher *Od sun seignur, le matin, Deu aürat;* 290 Note z. 11 *Tut ensement falses pruvances avant menad* auch ein Adverbium des Orts.

Eine prädicative Bestimmung und ein Adverbiale der Zeit.
Leod. 16b *tos consilier ia non estrai.*

Ein Adverbiale der Zeit und eine prädicative Bestimmung.
Oxf. Ps. 94,4 *Pur quarante ans curucez fui.*

Ein Adverbiale des Orts u. eine prädicat. Bestimmung.
Rol. 2250; Oxf. Ps. 75,8; Münch. Br. 2502 *De sa maisneie eslugniez est.*

Ein Adverbiale der Modalität und eine prädicative Bestimmung.
Passion 46d; Alexislied 91b; Karls Reise 806. 465; Brand. 911; Oxf. Ps. 21,14 *Sicum ere espandut sui ...;* 72,22. 108,22. 70,8. 118,98; Cambr. Ps. 44,2. 70,7; Münch. Br. 385 *D'un dart mort l'a geteie sanglant.*

Ein Vocativ und eine prädicative Bestimmung.
Alexislied 96c; Ch. Rol. 876. 3374; Oxf. Ps. 89,1; Q. L. R. 26,12 *Sire, huem es de grant eded;* 195,5.

Ein Adverbiale der Zeit und ein Adverbiale des Orts.
Ch. Rol. 1988. 2816 (cf. Müller); Brandan 1316.
1369; Computus. Das Pron. ist hinzugefügt 256 *Uncore
entre chascune En i laissent il une;* Q. L. R. 37,14 *Le matin
à vus vendrum.*
Ein Adverbiale des Orts und ein Adverbiale der Zeit.
Pass. 117a *Sus en u mont donches montet;* Ch. Rol.
351; Brandan 229.
Ein Adverbiale der Zeit und ein Adverbiale der
Modalität.
Ch. Rol. 1778; Karls Reise 577; Brandan 1199.
1407. 1793; Oxf. Ps. 89,6; Cambr. Ps. 55,5; Comp. 121
Unc pur fols nel truvai; 2473. 3454.
Ein Adverbiale der Modalität und ein Adverbiale
der Zeit.
Pass. 62a *De purpure donc lo vestirent;* Ch. Rol. 2954.
3341. 3655; Karls Reise 515; Oxf. Ps. 11,5. 102,9;
Cambr. Ps. 102,9; Comp. 3494.
Ein Adverbiale des Orts und ein Adverbiale der
Modalität.
Ch. Rol. 2826; Oxf. Ps. 62,3; Best. 754 *Es jambes
par nature nen ad que une jointure;* Münch. Br. 1766;
Q. L. R. 89,7.
Ein Adverbiale der Modalität und ein Adverbiale
des Orts.
Passion 18d *los marchedant quae in trobed a grand
destreit fors les gitez;* Ch. Rol. 2900; Brandan 250; Oxf.
Ps. 48,14 *Sicume oeilles en enfern poset sunt,* wo ausserdem
eine prädicative Bestimmung dem Verbum vorangeht; Comp. 2811.
Ein Adverbiale des Orts und ein Vocativ.
Ch. Rol. 360; Oxf. Ps. 24,1; Cambr. Ps. 24,1. 88,16.
Ein Adverbiale der Modalität und ein Vocativ.
Alexis 84b; Karls Reise 796 ist das Pron. gesetzt
A feit, dreiz emperere, jo sai ke Deus vus aimet. — Oxf. Ps. 27,1.
29,10; Q. L. R. 155,18 *Pur la salveté de tei, bel sire, ne l'frai pas.*
Eine attributive Bestimmung und ein Object.
Ch. Rol. 2132 *De cels de France les corns avuns oit;*
2762. 3327; Brand. 107; Comp. 1975; Q. L. R. 68,11.

Eine attributive Bestimmung und ein Adverbiale
des Orts.
Ch. Rol. 677 *De Sarragnce ci nos aport les clefs*.
Eine attributive Bestimmung und ein Adverbiale
der Modalität.
Das Pron. ist hinzugefügt Alexis 107b *de cest aueir
certes nus nauum cure*.
Eine attributive Bestimmung und ein Vocativ.
Das Pron. ist hinzugefügt Ch. Rol. 1232 *De uoz manaces
culuert io nai essoign*, Müller: *jo nen ai suign*.
Ein Vocativ und ein Object.
Passion 76b; Ch. Rol. Das Pron. ist gesetzt 1866
Oliuer frere nos ne dei io faillir, vgl. Tobler, Z. f. Rom. Phil.
III 145; Karls Reise 856 „*Bele*," *dist Oliviers, „m'amur
vus abandun"*: Comp. 23; Q. L. R. 178,8. 312,10. 321,1.
Ein Vocativ und eine adverbiale Bestimmung der Zeit.
Alexis 29a. 94d. 95a; Ch. Rol. 1191. Das Pron. ist
hinzugefügt 1982. 2429. — Karls Reise 507. 652. 803. Die
Setzung des Pron. findet statt 40 „*Emperere*," *dist ele, „ja
nel puis jo trucer*. Brand. 1593; Oxf. Ps. 29,15. 87,1;
Cambr. Ps. 5,2. 87,1. Das Subjectspron. ist gesetzt 29,14
Sire li miens Deus, en parmanabletet jeo regehirai à tei.
Ein Vocativ und ein Adverbiale des Orts.
Ch. Rol. 3281. 3138; Brandan 392; Oxf. Ps. 88,16;
das Subject ist ausgedrückt 62,1.
Ein Vocativ und ein Adverbiale der Modalität.
Alexislied 22a *Co dist li pedres cher filz cum tai perdud;*
79d. 87c. 87d *e io dolente cum par fui auoglie;* 89a. 124a.
22d. 90a; Ch. Rol. 1335 *Apres li dist culuert mar i moustes;*
3446. 1561. 2823. 1752. 2685. 3899. 2688. 2412. 753. 1146.
1861. 2027. 2441. 3497. 1985 *E France dulce cum hoi
remendras guaste*, wo ausserdem ein Adverbium der Zeit dem
Verbum vorangeht; 2304. 2316. 2344. 2598. 2928. 1863.
3713; Gorm. et Isemb. 471. 481. 485; Karls Reise 13
„*Emperere*," *dist ele, „trop vus poez preisier";* 717; Hohes
Lied 7 *Gentilz pucellet molt tai odit plorer;* Brandan 1243;
Oxf. Ps. 7,1. 58,20. 43,1. Das Subjectspron. steht 29,8
Sire, en la tue voluntet, tu dunas à la meie beltet vertut;

Cambr. Ps. 7,1. 43,1. Das Subject ist hinzugefügt 29,8. Münch. Br. 698. 3227. 3261. 2844. 2970 „*Seinor,*" *fait il, „mult volentiers Dunrai ma fille a vostre roi*"; 3196. 3256; Q. L. R. 229,3 *Dame, fist se Adonias, bien sez que* . . .

Auf Grund der vorangegangenen Untersuchung können wir die Behauptung aussprechen, dass nach allen einleitenden Satzteilen mit Ausnahme des vocativischen Ausrufs die Auslassung des pronominalen Subjects das Gewöhnliche ist. Tritt zu dem Vocativ ein anderer einleitender Satzteil, so wird das Subjectspron. der Regel nach unterdrückt.

II. Im Nachsatze.

Wir haben in diesem Abschnitte sowie in den Capiteln, die von den syndetisch und asyndetisch aneinandergereihten Sätzen handeln, nicht besonders zu unterscheiden, ob die betreffenden Sätze uneingeleitet oder eingeleitet sind und haben daher nicht dieselben Unterabteilungen wie im Abschnitte I zu machen. Dort haben wir schon gesehen, dass einleitende Satzteile die Auslassung des pronominalen Subjects in der Regel bewirken. Die Beispiele sind im Folgenden in der Weise zusammengestellt, dass die uneingeleiteten Sätze vorangehen und die eingeleiteten diesen folgen.

a. Im Vordersatze steht ein nominales Subject, das von dem Subjecte des Nachsatzes verschieden ist.

Eide. Das pronominale Subject ist im Nachsatze hinzugefügt *in quant deus sauir et podir me dunat. si saluarai eo cist meon fradre Karlo*, wo die Partikel *si* den Nachsatz einleitet, cf. Diez Gram. III[4] 345.

Passion. Das Pron. als Subject fehlt im Nachsatze 51b *Cum le matins fud esclairez dauant Pilat len ant menet*; 6b *Cum cel asnez fu amenaz de lor mantalz ben lant parad*.

Alexislied. Das pronominale Subject ist gesetzt 101c *chichi se doilet a nostr os est il goie*; G. Paris schreibt *Cui que seit dols, a nostre os est il goie*, vgl. Horning a. a. O. 234 und Koschwitz Zeitschr. f. neufranz. Sprache und Lit. II 418.

Rolandslied. Der Nominativ fehlt 1717 *Si fust li reis ni oussum damage;* 1102. 3012 *Si Arrabiz de uenir ne se repentent. La mort Rollant lur quid cherement rendre;* 316. 3955. Im Vordersatz ist *ki* in der Bedeutung von *si quis* als Subject verwandt 391 *Seit ki l ociet tute pais puis auriumes,* Müller: *tuit pais puis a.* vgl. Morf über puis a. a. O. 246 Anm.; 2584 *Ki mult te sert maluais luer len dunes.* Im Nebensatze steht ein verallgemeinerndes Fürwort als Subject 1592 *Ki que l cumpert uenuz en sunt ensemble;* 1912 *Ki ques rapelt ia nen returnerunt.*

Das Subject ist ausgedrückt 258 *Se li reis uoelt io i puis aler ben;* 311 *Se deus co dunet que io de la repaire, Jo t'en muura un si grant contrire.* Die Setzung des Pron. ist an beiden Stellen leicht erklärlich; im ersten Satze folgt auf den Nominativ *i*, im zweiten *te*. Die tonlosen Fürwörter im Dativ und Accusativ sowie die Adverbien *en* und *i* können ebensowenig den Nachsatz wie den Vordersatz beginnen.

Gormund et Isembard. Das Subjectspron. ist ausgelassen 502 *Quand Sarrazin l'i tresturnerent, la reissiez tant cop d'espee.*

Das Subjectspron. ist gesetzt 209 *Si m'ait Deus qui ne menti, jeo nel lerreie pur murir que ....;* 222.

Karls Reise. Der Nominativ ist ausgefallen 633 *Si ne sunt aemplit li gab..., Trencherai lur les testes...;* 647. 760. 328 *Car la tenisse en France, e Bertrans si i fusset, A pels e a martels sereit (ja) escansue.*

Das Subject ist ausgedrückt 23 *Si Franceis le me dient, l'otreierai jo bien;* in der Hs. steht *dunc le otrei jo ben;* Foerster pag. 105 will *dunkes l'otrei jo bien* schreiben; Suchier a. a. O. pag. 405 schlägt vor *dunc lur otrei jo bien* zu lesen. Die von dem Herausgeber in den Text aufgenommene Lesart bedarf jedenfalls einer Aenderung; das tonlose neutrale Objectspron. *le* kann nicht den Nachsatz anheben.

Das Subjectspron. geht einem proclitischen Pronomen im Accus. vorher 356.

Hohes Lied. Das Subject fehlt 4 *Quant li solleiz conuerset en Leon...; Une pulcellet odit molt gent plorer.*

Alexanderfragment. Das Subject ist unausgesprochen 59 *sil toca res chi micha peys. tal regart fay cum leu qui*...
Brandan. Das Fürwort ist überall ausgelassen 308. 238. 596 *Quant rint li tens de lur errer Lur nef prengnent dunc aserrer;* 556. 1238. 412 *E si lur falt nule rien Tut lur truuerat co promet bien.* Das neutrale Demonstrativpron. *ico* ist Subject 536 *Mais quant ico par nus ne fud Tant en auum par deu wertud*...

Oxforder Psalter. Das Pronomen fehlt 54,12. 60,2 *dementresque esteit anguissiez li miens cuers, en pierre exaleeas mei;* 37,17. 67,15. 80,13. 118,92. 125,1. 123,2.

Der Nominativ ist hinzugefügt 36,36 *Cum perirunt li peccheur, tu 'l verras;* 54,13 *E si cist chi aveit hait mei, sur mei granz choses oust parlet, je me reposisse put-cel-estre de lui* wegen des proclitischen Objectspron. Das Subject ist betont in den eingeleiteten Hauptsätzen 26,6. 89,2.

Cambridger Psalter. Das Subjectspronomen fehlt 67,2 *Sicume defalt li fums, defaillent;* 70,9. 67,15. 102,12 *Cum luinz est orienz de occident tant luinz fist de nus noz felunies.*

Das Subject ist ausgedrückt 36,24 *cum perirunt li felun, tu verras;* 49,23 *Ki sacrefiet cunfessiun glorifiet mei, e ki ordeneement vait, jeo demusterai a lui la meie salut;* betont ist das Pronomen 60,2. 89,2. 141,2.

Computus. Der Nominativ fehlt 3019 *Se li numbres creist tant Que set alt trespessant; Set en devez geter;* 3337. 3330. 3333. 1108.

Bestiaire. Das Subjectspron. ist unterdrückt 1380 *Que quant li creaturs les volt mettre à luurs, E il les volt salver..., Ne l'voldrent recuillir;* 150. 695 *E quant cel tens vendrat que..., Dunc vait en orient;* 1223. 1007. 558. 900. 80. 998 *E quant li oiselet sunt el nid petitet, Entre ses pez les prent...;* 1500. 98. 787 *Ki ad ceste racine, mult valt à medicine,* Wright: When one has this root, it is of great value for medicine; 519.

Münchener Brut. Das Subject fehlt 398 *Se ma raisuns est entendue, Dirai comment i eirt venue;* 907. 1478. 3232. 2041 *Et quant l'ovre fu acumplie..., Si l'apela la nueve Troie;* 3516. 472. 2500. 4175. 3548. 4001. 462 *Quant iceste aventure avint, Als Troïens de but se tint.*

Das Pronomen ist gesetzt, um den Nachsatz nicht mit proclitischem Objectspronomen zu beginnen 131. 2238 *Quant tes pere eirt es granz esfors, Je li estoie prez toz jors.*
Les quatre livres des Rois. Das Subject ist unterdrückt 25,1 *Cume espanduz fud la nuvele entre les fiz Israel. Requistrent Samuel que...*; 104,1. 161,1. 163,10. 296,4. 348,2 *Si veirement cume Deu vit e tu, ne m'en partirai de tei;* 348,8. 363,14. 352,1 *Mais cume morz fud li reis Achab, ne volt (sc. Resa) mais tenir al rei de Israel...*; 39,8 *Cume Jacob entrad en Egypte, e vos ancestres crièrent à Deu merci, e Moysen e Aaron lur enveiad;* 162,2. 65,19 *quant lium u urs al fule veneit, e ma beste perneit, Erranment le pursewi;* 157,3. 381,3. 385,6. 70,6 *Cume li reis oïd cest chant, mult li desplout,* et displicuit in oculis ejus sermo iste; 72,13. 113,2. 136,3. 372,16. 327,3. 418,1. 220,2. 363,4. 51,11 *Quant li poples ses enemis enchalchad, ... en une lande miel truvai;* 152,3. 248,15. 251,10. 347,12. 359,4. 364,9. 315,4. 163,6. 358,18. 54,6. 117,3. 420,14 *Pur ço que Manassés ad si malement uvered ....., e ad fait pecchier cez de Juda par ses ordéez, Tel venjance frai sur Juda .....;* 43,12 *Pur ço que li poples s'en parti, e ne venis al jur establi, e li Philistien furent en Magmas E pensei que ....; pur ço, par bone entente, en ceste guise, par mei ai fait mun sacrefise,* wo das Subject in den verbundenen Conjunctionalsätzen allerdings nicht ein vom Subjecte des Nachsatzes verschiedenes Substantiv ist.

Das Subjectspronomen ist hinzugefügt. Wir citieren zunächst diejenigen Stellen, an denen der Nominativ angewandt ist, um den Nachsatz nicht mit proclitischem Objectspronomen oder mit dem Adverbium *i* beginnen zu lassen. 9,19 *Mais ki mei honured jo l'glorrifierai, e ki mei despirra jo l'metrai en despit;* 153,2 *e si li fiz Amon te cunquerent, jo t'airai;* 159,4. 327,18. Das am Anfange des Nachsatzes stehende Object ist beim Verbum durch das entsprechende Personalpron. wiederholt und macht daher die Setzung des Subjectspronomens erforderlich 135,9 *Si veirement cume nostre Sires vit ki ...., Celi ki la mort Saül me nunciad, ..., jo l' fiz prendre et ocire;* 336 *Si veirement cume Deu vit, co que Deu me demusterrad, jo l' dirrai* vgl. pg. 16 f.; 175,9

Si veirement cume nostre Sire vit, e tu, bels sires, en cel lieu ù tu serras, u à mort u à vie, jo i serrai, die den Nachsatz anhebende adverbiale Bestimmung des Orts ist hier durch das Adverbium *i* beim Verbum wiederaufgenommen.

Die Partikel *e* leitet der Nachsatz ein 173,4 *Mais ki me frad juge que..., e jo frai dreiture à tuz amiablement e dulcement;* 386 *Quant vint al jur, e cez ki ..., e ces ki durent ..... servir, vindrent à Joïada, Et il armes lur livra.* Das Subjectspron. zeigt sich im uneingeleiteten Nachsatze an folgenden Stellen: 94,5 *Si veirement cume Deu vit, si nostre Sires ne l'ocist u de sa dreite mort muire, u en bataille, jo ne metrai main sur lui;* in dem ähnlich lautenden Verse 104,1 ist das Pron. im Hauptsatze nicht gesetzt. 104,14. 142,3. 311,6. 153,1. 161,3 *Tant cume li enfes vesquid jo espéroué que...*; 181,5. Die Beispiele 144,4 *E quant tes jurz ierent asumez e tu serras en repos od tes ancestres, jo susciterai tun fiz ...* und 263,1 *Si famine vient en la terre, u corrumpuz seit li airs e pestilence descunfise e destruie les blez, e lur enemis asiéyent les citez, e seient traveillez de mésaventures e de enfermetez, e il vuillent cunuistre e pardun requerre de lur mesfaiz..., tu s'il te plaist les orras* könnte man vielleicht im Abschnitte c anführen, da das Subject im verbundenen Conjunctionalsatze ein vom Subjecte des Hauptsatzes verschiedenes Fürwort ist (im letzten Beispiele allerdings auch ein Substantivum). Im Satze 263,1 steht das Pron. übrigens schon im Lateinischen: Tu exaudies in caelo und ist vielleicht betont. Hervorgehoben ist das pron. Subject 282,16.

Ziehen wir die Fälle, in denen der Nominativ gesetzt ist, damit nicht ein proclitisches Objectspron. oder das Adverbium *en* oder *i* an den Anfang des Nachsatzes trete, von der Gesammtzahl der Sätze ab, die ein ausgedrücktes Subject besitzen, so zeigt sich das Subjectspron. 1 Mal in den Eiden, 1 Mal im Alexislied, 2 Mal im Gorm. und Isemb. (1 Beispiel für die Auslassung), 1 Mal in Karls Reise (4 Beispiele für die Auslassung), 2 Mal im Cambr. Ps. (4 Beisp. für die Auslassung), 11 Mal in Q. L. R. (38 Beisp. für die Auslassung). In einem eingeleiteten Nachsatze erscheint das pronominale Subject nur Karls Reise 23; vgl. über diesen Vers, der metrisch zu berichtigen ist, pg. 42. In Q. L. R. beläuft sich die Verhältnisszahl der Sätze, welche ein Pron. als Subject haben, auf 22%. Der Sprachgebrauch vor der Mitte des 12. Jahrh. entscheidet sich somit im Allgemeinen für die Auslassung des pronominalen Subjects im Nachsatze, das verschieden ist von dem nominalen Subjecte des Vordersatzes. Zu constatieren ist, dass das Subjectspron. in der in Rede stehenden Verbindung sich zeigt, wenn auch in der Minderzahl der Fälle.

b. Im Vordersatze steht ein nominales Subject, das mit dem Subjecte des Nachsatzes identisch ist.

Passion. Das Subjectspron. fehlt, d. h. das nominale Subject des Vordersatzes ist im Nachsatze nicht durch ein persönliches Fürwort wiederaufgenommen 116b *Si alcuns dels beuen reren non aura mal zo sab per uer*; 9d *Cum co audid tota la gent. que ..... a grand honor encontraxirent*, das Verbum steht im Nachsatz im Plural, da das Subject des Vordersatzes ein Collectivbegriff ist.

Das nominale Subject des Vordersatzes ist durch ein persönliches Fürwort im Nachsatze wiederholt 23c ... *cum la cena Ihesus oc faita el susleued del piu manier*, G. Paris: *Del piu manjar il sus leved*.

Alexislied. Das Subjectspron. fehlt im Nachsatze 8c *Quant ueit li pedre que ... dunc se purpenset del secle an auant*; 78b.

Das Pron. ist hinzugefügt 41d *sor me conuissent mi parent di cesta terre. il me prendrunt par pri ou par poeste*. Wieder ist es das folgende proclitische Objectspron., das die Setzung des Nominativ bewirkte.

Rolandslied. Das Pron. ist ausgelassen 443 *Quant le uit Guenes mist la main a lespee*; 3613. 323 *Quant lot Rollanz si cumencat a rire;* 601. 3007. 3976. 3272 *Ki par noz deus voelt aueir guarison. Sis prit e seruet par grant afflictiun;* 1744 *Venget li reis si nus purrat uenger* nach einem Conditionalsatze, der durch den blossen Conjunctiv ausgedrückt ist; 325 *Quant co neit Guenes que ore sen rit Rollanz. Dunc ad tel doel por poi dire ne fent.* Obwohl zwischen Vordersatz und Nachsatz sich ein Objectsatz mit neuem Subject einschiebt, so ist die Wirkung des nominalen Subjects im Vordersatze doch nicht verwischt und die Wiederholung durch ein Fürwort nicht erforderlich. 499. 3851 *Quant veit Tieris quor en iert la bataille Sun destre quant en ad presentet;* 1196. 1111. 1941. 745. 762. 2343. 3816. 1929. 3644. 3729. 2871 *Quant lempereres vait querre sun neuold. De tantes herbes el pre truuat les flors.*

Das Pronomen ist hinzugefügt 2494 *Ki mult est las il se dort cuntre tere;* 2523 *Ki herbe uoelt il la prent en gisant;* vgl. Morf 215. Für die Hinzufügung des Pron. liegt derselbe Grund vor wie im Alexislied.

Gormund et Isembard. Das Subjectspron. fehlt 226. 304. 363 *Quand Loevis, li reis preisies, vit si murir ses chevaliers..., mult fut dolenz;* 421.

Karls Reise. Das Subject fehlt 141 *Quant l'ot li patriarches, si s'en vait cunreer;* 618. 648. 788. 601. 17. 709. 31 *Quant ço ot la reine ke..., Forment s'en repent(it);* 849. 492 *mais k'il sacet li reis* (Suchier a. a. O. *mais quel sacet li reis), En trestute sa vie mais ne vus amerait;* 369.

Brandan. Das Subject ist nicht wiederholt 608. 1037. 204 *Quant out co dist labes Brandans Dunc drechet sus ambes les mains;* 1730. 480. 105. 245. 1494. 1830. 1250 *Quant le vit Brandans issi plaindre unches dolur nen out graindre.*

Computus. Die Wiederholung des Pron. findet nicht statt 142 *E se li envius Est tant de putes murs ...., Alt sei de luinz gesir;* 233 *Quant Deus fist creatures De diverses mesures, Tutes at nuns posez;* 1780. 685. 1613.

Bestiaire. Das Subject ist unausgesprochen 983 *Mais quant li perdizel sunt parceu oisel..., Laissent lur nureture;* 838. 922. 953. 569. 1479 *Ki plus volt saver de ces peres ..., Si alt lire de Lapidaire;* 670. 728. 1188. 254. 783. 1067. 401. 93. 289. 334. 830 *Quant la beste iceo fait, ses eles à sei trait.*

Münchener Brut. Das Subject ist nicht wiederholt 259 *Quant ses cevals lo vit morir, Plora dels oelz contre nature;* 844. 1800. 2779. 3471. 986. 780 *Quant li Griu l'oïrent parleir, Si lo prisent a reduteir;* 167. 1786. 355. 2017. 2426. 388. 2779. 674. 1555. 1700. 628. 1493. 534. 1613. 2223. 422. 4017. 579. 3089. 469. 790 *Quant cil ourent sa conuissance, D'aleir n'i fisent demorance.*

Das Subject ist wiederholt 893 *Quant cho sorent li chastelain Que Brutus fu renuz el plain, Il vinrent fors a lur seinur.*
Les quatre livres des Rois. Das Subjectspron. fehlt 19,5 *Cume cil de Accaron virent l'arche, dunèrent un cri merveillus;* 46,14. 58,18. 68,3. 68,13. 75,9. 84,15. 85,9. 86.7. 90,5. 93,7. 104,8 *Cume David s'en fud turnez, e estut luinz al sumet d'un munt, e un grant val fud entre lui e l'ost, Criad vers ces res de l'ost e vers Abner le fir Ner* könnte man auch unter a) anführen; 114,7. 118,14. 119,4. 132,1. 152,15. 155,8. 158,9. 179,17. 183,18. 235,11. 278,4 *Cume cist Adad oïd la nuvele que morz fud David e Joab ki . . ., vint devant le rei;* 302,11 *Si nuls est qui ne voilled querre nostre Seignur, . . ., seit ocis;* 338,18. 354,18. 364,11. 367,10. 368,12. 371,19. 379,6. 408,3. 76,1 *Cum ço sout Saül, altres messages i enveiad;* 97,1. 88,17. 197,10. 219,12. 286,13. 295,2. 299,13. 299,24. 319,4. 379,15. 325,15. 362,10. 369,17. 380,9. 301,26 *Cume Asa out oïd ces paroles, haitez en fud;* 375,14. 150,3. 218,21. 307,10. 331,16. 392,9. 411,5. 193,17 *Cume li reis le vit erranment enquist;* 283,13. 318,12. 331,12. 333,5. 377,9. 386,13. 399,7. 413,4. 50,17. 22,1. 64,2. 70,16. 89,15. 264,14. 307,12. 341,16. 415,18. 378,13 *Cume Jézabel le sout que il i vint, bien se acesmad e bel se guimplad;* 36,14. 37,3. 42,4. 47,7. 243,2. 362,6. 362,17. 76,4. 92,11. 60,15. 296,19. 321,12. 74,4. 8,16. 142,4. 155,3. 358,8. 155,3. 358,8. 379,3. 303,16. 64,18. 99,11. 346,10. 361,13. 424,3. 207 *Note kar quant Deus vint en terre e prééchad, les oscurtez des diz as prophètes apertement révélad.*
Das Subject ist wiederholt, da ein tonloses Pron. im Accusativ folgt 263,9 *Si tis poples se met en champ encuntre ses enemis . . ., il te aurrunt encuntre ceste cited;* das Adverbium *en* 383,1 *e si alcuns est que venir n'i vuille, il en murrad.* Betont ist das Pron. 153,8 *Cume ço virent li fiz Amon, e il ensement turnèrent à fuie,* fugerunt et ipsi a facie Abisaï. In 105,5 *e si humes le funt, maleit seient- il devant Deu, ki geted m'unt de la terre e de l'héritage Nostre Seignur* wird ein Relativsatz auf das pronominale Subject bezogen, das daher nicht gut ausgelassen werden konnte. Sodann erscheint das Subjectspron. 224,17 *Tut issi cume Deu adeste'*

tei, mun seignur, si seit- il od Salomun in einem eingeleiteten Wunschsatze. Ist nicht auch in diesem Hauptsatze Pron. betont?

Ausser an den Stellen, an welchen das Fürwort hinzugefügt werden musste, um nicht den Satz mit proclitischem *jectspron.* oder *en* resp. *i* zu beginnen, erscheint der Nominativ der verbundenen Pron. nur je 1 Mal in der Passion und im Münchener Brut. Wir sind gewiss berechtigt, das Vorhandensein des Subjects an diesen beiden Stellen dem Metrum zuzuschreiben.

Das Resultat der vorhergehenden Untersuchung ist, dass vor der Mitte des 12. Jahrh. das nominale Subject im Vordersatze durch das entsprechende Personalpronomen im Nachsatze wiederholt wird.

Im Vordersatze steht ein pronominales Subject, das von dem Subjecte des Nachsatzes verschieden ist.

Passion. Es finden sich keine Beispiele für die Auslassung des Subjectspronomens im Nachsatze. Das Pronomen hinzugefügt, d. h. im Vorder- und Nachsatze steht ein verschiedenes pronominales Subject 84d *Ia l uedes ela si rir el resurdra cho sab per uer.*

Leodegarlied. Das Pron. fehlt im Nachsatze 7f *cum (sc. li reis) laudit fu (sc. Lethgiers) li n amet.*

Alexislied. Das Fürwort ist ausgelassen 105e *sil nus nit presse uncore* (Paris: *donc*) *an ermes deliures;* hinzugefügt *e se ios an creid il me trairunt a perdra* wegen des folgenden proclitischen Objectspronomens.

Rolandslied. Das Subject ist unterdrückt 1708 *Quant l uos dis nen feistes;* 3522 *Cument qu il seit ne si uoelt ler mie,* im Vordersatze steht das unpersönliche Fürwort, während im Nachsatze das männliche zu ergänzen ist. 1538 *i quens Rollanz quant il ueit Sansun mort. Poez saueir ue mult grant doel en out;* 3459 *Se io uif alques mult grant od i aureiz;* 1078 vgl. pg. 53.

Das Subjectspron. ist hinzugefügt 691 *Se il fust uif io ousse amenet* wegen *le;* 1716 *Quant iel uos dis cumpainz os ne deignastes;* 2607 *Sil ad bataille il ne sen fuirat mie;*

2618 *E sil (sc. Baligant) nel fait il (sc. Marsilies) guerpirai ses deus.*

Gormund et Isembard. Das Subject ist hinzugefügt in dem eingeleiteten Nachsatze 216 *Se tu esteies ore ocris, dunc n'ai jeo mais suz ciel ami.*

Karls Reise. Der Nominativ fehlt 463 *Le brant (ferrai) en tere: si jo le lais aler, N'en iert mais receuz par nul hume carnel,* Suchier a. a. O. 410: *Ja nen iert mais rescus;* 535. 573 *Cum il iert bien serez, dunc me verrez escurre;* 16 *Quant il la met sur teste, plus bele nent li siet.*

Brandan. Das Subject ist unterdrückt 1486 *E puis quil fud cler aiurnet Ot tut Judas sen sunt turnet.*

Oxforder Psalter. Das Pron. fehlt 21,26 *e cum je criowe à lui, oït mei;* 90,14 *Pur ce qu'il en mei espera, deliverrai lui;* 119,6. 77,38. 18,14 *Si il sur mei seignurerunt, dunc serai nez;* 7,13. 50,17. 55,7 *Sicume il sustindrent la meie aneme, pur nent salfs les feras.*

Das Pron. ist hinzugefügt 88,32 *Si il les meies justises escumunierunt, e les miens comandemenz ne guarderunt; Je visiterai en verge les felunies d'els;* 137,8 *Si je irai el milliu de tribulaciun, tu vivifieras.*

Betont ist das Subject im Nachsatze 138,7.

Cambridger Psalter. Das Pron. ist ausgelassen 108,5 *Pur ceo que je amoe els, cuntrarioent a mei;* 77,34 *Si il les ocieit, dunc le requereient.*

Das Fürwort als Subject ist gesetzt 21,25 *e cum il criat a lui, il l'oïd;* 100,2 *Quant tu vendras a mei, je irai en la simplicité de mun quer el milliu de ma maisun;* 137,7; betont ist das Subject 138,9. Im eingeleiteten Nachsatze begegnet das Pronomen 18,13 *Se il ne seignurerunt de mei, dunc serai jeo nez* (ohne Pronomen im Oxf. Ps.).

Computus. Das Subject fehlt 155 *S'il eissi nel volt faire, Que li seit a cuntraire, Pri lui pur Deu amur;* 3186.

Bestiaire. Das Subject ist unterdrückt 508 *Se il plut sur sun forment, gete le fors al vent;* 509. 1356 *Quant il fait tempesté, lores se plunge el gué.*

Das Fürwort ist gesetzt 147 *Quant nus cessum de overer,*

dunc poent il errer in einem eingeleiteten Hauptsatze, ist indessen wohl betont, da ein Gegensatz bezeichnet werden soll.
Münchener Brut. Das Subjectspronomen fehlt 2242 *Se je n'alaisse cele part; Ne fuisse je par mun escu, Sovent eüst lo chief perdu;* 3258.
Das Fürwort begegnet 509 *E s'il or de cho te curucent Que..., Tu nes en dois pas blastengier.*
Les quatre livres des Rois. Auslassung des Subjects findet statt 160,10 *Tant cume li enfes vesquid, quant nus en parlium al rei, ne nus diegnad oïr;* 185,14. 333,10. 359,1 *si heom te encuntre, nient ne l'salueras, e s'il te salued, nient ne respunderas;* 176,4. 235,10. 79,1 *Si jo vif, merci me fras;* 282,7. 280,13. 287,10 *Mais que tu me dunasses la meited de quanque ad en ta maisun, od tei ne irrei.*

Das Pronomen erscheint im Nachsatze, um ihn nicht mit proclitischem Objectspron. oder dem Adverbium *i* zu beginnen 46,9. 46,11. 92,6 *kar ja seit ico qu'il se esfundre en terre, jo l'esquerrai ot tut l'ost de Juda;* 144,8. 150,17. 235,7. 425 *Pur ço que tu oïs les paroles del livre .... jo, co dist nostre Sire, te receverai od tes ancestres;* 127,14 *Si tu ousses par matin si parled, nus nus fuissums partiz.*

Das Fürwort zeigt sich, ohne von einem der tonlosen Wörter begleitet zu sein 68,14 *Si veirement cum tu vifs, jo ne l'sai;* 268,3. 301,15 357,9 *En tens e à cest ure se jo vif, tu iers enceinte de un fiz;* 159,9. 264,5 als Nachsatz zu mehreren durch beiordnende Partikeln miteinander verbundenen Nebensätzen mit verschiedenem Subject. Ein Gegensatz soll ausgedrückt werden, und das pronominale Subject des Nachsatzes ist daher betont 56,12. 62,8—9.

Wenn wir die Beispiele, in denen das pronominale Subject gesetzt ist, um den Nachsatz nicht mit proclitischem Objectspron. oder *en* resp. *i* anzuheben, unberücksichtigt lassen, so findet sich das Fürwort als Subject in der Passion 1 Mal, in Ch. Rol. 3 Mal (gegenüber 5 Beispielen für die Auslassung), im Gorm. und Isemb. 1 Mal (kein Beispiel für die Auslassung), im Oxf. Ps. 2 Mal (8 Beispiele für die Auslassung), im Cambr. Ps. 3 Mal (2 Beispiele für die Ausl.), im Münch. Br. 1 Mal (2 Beispiele für die Auslassung), in den Q. L. R. 6 Mal (10 Beisp. für die Auslassung). Auffallend ist die Tatsache, dass das Pron. im Oxf. Ps., für den die numerischen Verhältnisse für die Setzung sich sonst ausserordentlich günstig gestalten, im Vergleiche mit dem Cambridger Ps. und den Q. L. R. ziemlich selten erscheint. In den Q. L. R. beläuft sich die Verhältniszahl der Sätze, die ein ausgedrücktes Subject besitzen, auf 37%.

d. Im Vordersatze steht ein pronominales Subject, das mit dem Subjecte des Nachsatzes identisch ist.

Passion. Das Subjectspron. fehlt im Nachsatze, d. h. das pronominale Subject des Vordersatzes ist im Nachsatze nicht wiederholt 59c *si tu laises uiure Ihesum non es amis lemperador*; 67c. 100b *En pas quel uidren les custodes si sespauriren de pauor;* 5c; 33b; 72b *Cum il lan mes sus en la cruz gran fan escarn gran cridaizun.*

Leodegarlied. Das Pron. ist nicht wiederholt 5b *Et cum il laut doit de ciel art. rende l qui lui lo comandat;* 32c; 29d *e si el non ad ols carnels en corp los ad etspiritiels.* Wie ist dieser Vers zu interpungieren? Diez setzt ein Komma hinter *corp: en corps, los ad el spiritiels* und lässt danach den Nachsatz mit *los* beginnen. Ein proclitisches Objectspron. an den Anfang des Nachsatzes zu stellen, ist aber unstatthaft. Diez hat in der Handschrift fälschlich *el* statt *et* gelesen; das Pron. wird nicht wiederholt. Ed. Stengel belässt die handschriftliche Lesart und setzt ein Komma hinter *carnels*, fasst also *en corp[s] los ad e.* als Nachsatz auf (Stengel, Wörterbuch pg. 217 unter spiritiel). Dieser Auffassungsweise steht seitens der Grammatik nichts entgegen. Paris liest *Ancor los at espiritels;* Meyer: *en cor les ad espiritiels;* Lücking: *Encor.*

Alexislied. Die Wiederholung des Subjects findet nicht statt 92c *quant io uid ned sin fui lede e goiuse;* 17e *ou que il seit de Deu seruir ne cesset.* Die Wiederholung findet statt, da ein proclitisches Objectspron. folgt 113c *Cil dui seniur ki lempirie guuernent. quant il i ueient les uertuz si apertes. il le receiuent sil plorent.*

Rolandslied. Der Nominativ fehlt im Nachsatze 615 *E se il poet murrat i ueirement;* 819; 959; 1690 *Einz que il moergent se uendrunt mult cher.* Der zweite Halbvers enthält eine Silbe zu wenig und bedarf einer Aenderung. Um die Wiederholung des Pronomens zu vermeiden, schreibt Th. Müller: *se venderunt mult chier;* diese Lesart ist aber zu verwerfen, denn das tonlose Reflexivpron. vermag nicht einen Nachsatz zu beginnen. Man kann mit Böhmer *il se rendrunt,* — nicht *se vendrunt il,* wie Hofmann thut, da diese Wortstellung nicht zulässig ist (cf. Morf pg. 215) — oder auch mit Gautier *si se vendrunt* lesen. 3034. Der Nachsatz ist eingeleitet durch die Partikel *dunc* 752 *Li quens Rollanz quant il soit iuyer Dunc ad parled a lei de cheualer;* 2828 (vgl. Wehrmann a. a. O. pg. 443). Zu bemerken ist, dass in Sätzen dieser Art das nominale Subject am Anfange des Satzes anakoluthisch steht, indem die Rede in eine andere Construction übergeht. Ist der Satz nicht durch eine Partikel eingeleitet, welche demselben den Charakter als Nachsatz verleiht, so ist die Setzung des pronominalen Subjects nicht für erforderlich gehalten worden, da dann das den Satz anhebende nominale Subject bloss durch einen Nebensatz vom folgenden Verbum getrennt erscheint, z. B. 3289 *Li emperere sil se cumbat od mei. Desur le buc la teste perdre en deit.* — 840 *Deus se iol pert ia nen aurai escanye;* 1995. 897. 3004. 2665. 3764. 3859. 3641. 3699 *Cume il est en sun paleis halcur Par ses messages mandet ses iugeors;* 1037. 2203. 2315. 2693. 2305. 1643. 1096. 2710.

Das Subject ist wiederholt, um nicht den Nachsatz mit *en* zu beginnen 87 *Sil uoelt ostages il en aurat par ueir.* Man darf wohl nicht hierher ziehen 1078 *Quant io serai en la bataille grant. E io ferrai e mil colps e. VII. cenz. De Durendal uerrez lacer sanglent.* Da die Wiederholung des Pronomens zu den Seltenheiten gehört, so empfiehlt es sich in dem Satze *E jo ferrai...* einen verbundenen Conjunctionalsatz mit nicht wiederholter Conjunction zu sehen und den eigentlichen Nachsatz den Vers *De Durendal uerrez lacer sanglent* bilden zu lassen. Wir müssen freilich zugeben, dass auch in den verbundenen Conjunctionalsätzen in diesem Falle die Wiederholung des pronominalen

Subjects selten stattfindet, doch ist sie dort häufiger als im Nachsatze. Morf fasst *E jo ferrai*... als Nachsatz auf (a. a. O. 216), Ebering (Syntactische Studien zu Froissart, Zeitschrift f. R. Ph. V. 350) stimmt mit unserer Ansicht überein.

Gormund et Isembard. Das Pron. ist nicht hinzugefügt 15 *s'il lors ne juste a lui en champ, dunc se tiendra pur recreant;* 576. 6, ebenso 38. 62. 84. 135. 161.

Karls Reise. Das Subject ist nicht wiederholt 130; 238 *Cum il l'unt entendut, ourent les coers mult liez;* in der Handschrift ist der Nachsatz durch die Partikel *si* eingeleitet: *si orent le queres mult leez.* 865. 60 *L'emperere de France, cum il fut curunez..., A la sale a Paris si s'en est returnez* (vgl. Wehrmann a. a. O. 443); 489. 119. 552 *Se il cel gab demustret, de fer est u d'acier.*

Das Subject ist wiederholt 24 *Se vus m'avez mentit, vus le cumperrez chier*, da *le* folgt.

Brandan. Das Subjectspron. ist unterdrückt 61 *Ainz quil murget uoldreit uetheir Quel sed li bon deurunt aueir;* 1505. 514 *Si tu es de deu crature De meis diz dunc prenges cure.*

Oxforder Psalter. Die Wiederholung findet nicht statt 22,4 *Kar jà seit ce que je irai el milliu del umbre de mort, ne criendrai mals;* 36,25. 48,18. 49,13. 49,19. 70,18. 108,3. 108,6 *Cum il est jugiez, eisse condemnez;* 58,17 *se il acertes ne serunt saulet, e murmurerunt*, wo der Nachsatz durch die Partikel *e* eingeleitet ist. Auch dieses Beispiel zeigt, dass die von Diez (Gram. III⁴ 345) ausgesprochene Behauptung. der durch *et* eingeleitete Nachsatz, welcher sich an (andere als vergleichende) Adverbialsätze anschliesse, habe immer ein von dem des Vordersatzes verschiedenes Subject, auf einem Irrtume beruht. Mätzner teilt Diezens Ansicht Syntax II 48. Tobler hat die Unrichtigkeit dieser Annahme nachgewiesen in der Zeitschr. f. R. Ph. II 142. — 40,6 *E si il entrot pur ce que il veist, vaines choses parlot;* 62,7. 47,8. 30,17. — Das Subjectspron. ist im Nachsatze hinzugefügt 74,2 *cum je recevrai tens, je jugerei justises*, das Pron. steht indessen bereits in der latein. Vorlage und ist wohl betont: Cum accepero condictum, ego recta judicata. Bemerkenswert ist, dass das Subject im Cambr. Ps. nicht wiederholt ist; dort ist aber der Nachsatz durch die Partikel *si* eingeleitet, welche die Wiederholung des Fürworts als Subject stets zurückweist (vgl. Klatt a. a. O. pg. 13). Im Lateinischen steht das Pron. auch 118,67 *Ainz que je fusse humilié je mesfis:* Antequam audirem ego ignoravi. Der Oxf. Ps. liefert also keine sichere Belege für die Wiederholung des pron. Subjects.

Cambridger Psalter. Das Subjectspron. fehlt im Nachsatze 22,4. 36,24. 49,12. 58,15 *e cum il ne serunt saillet si murmurerunt;* 74,2 *Cume je receverai lendit, si jugerai dreit;* 108,8. 40,6. 118,83. 47,8. 63,4. 72,15 *Si jeo recunterai issi, estetei la generatiun de tes filz ai deguerpi;* 118,83.

Das Subject ist wiederholt 9,14. 49,18 *Se tu vedeies larrun, tu consenteies a lui* (das Pron. ist nicht wiederholt im Oxf. Ps.). Im lateinischen Texte steht das Pron. 118,67 *Devant co que je oüsse je mesconui:* Antequam audirem ego ignoravi.

Computus. Der Nominativ ist ausgelassen 294 *Pur ço qu'il nunt luur, Cessent de lur labur;* 2305. 2825. 557 *E puis qu'il sout tant faire Qu'il sout le son atraire, Dunc fut joius rel dis;* 1865. 2765. 1118. 262. 2999. 3413.

Das Pron. ist wiederholt 1796 *E puis qu'il vint la sus, Fut il aquarius.*

Bestiaire. Das Subject ist nicht wiederholt 591 *Se hum suz sa lange l'at, s'il volt devinerat;* 841. 955. 1061. 966 *Se de pot si's emblerat;* 232. 348. 372. 1222. 641. 930. 1110. 1041. 1267. 528. 795 *Quant il aperceit gent ki funt enchantement. . . ., Les oreilles que il ad tres ben estuperat.*

Münchener Brut. Das Subject ist nicht ausgedrückt 414. 517. 1000 *Quant il l'entent, fait s'en iriet;* 1444. 785 *Quant il lo vit, sil salua;* 3431. 372. 1330. 3172. 3468 *S'il ja sun regne puet ravoir, De li voldra faire sun hoir;* 830 *Quant vos m'oreiz mun cor soner, Dunt vos poreiz as Grius melleir, vos* ist nicht Nominativ, sondern Accusativ und gehört zu *melleir.*

Das Subject ist wiederholt 749 *Quant il ot fait sun sairement Et tut sun acreentement, Il se mut devant mienuit,* da das tonlose Reflexivpron. nicht den Nachsatz beginnen kann; 3482 *S'il des dous dus se puet vengier, Il nes voldra pa esparnier;* dagegen könnte *nes* wohl den Hauptsatz anheber Les quatre livres des Rois. Das Subject ist nich wiederholt 66,8 *Cume il out la spée ceinte, alad e asaiad si* ... 94,18. 103,7. 109,18. 216,3 *Cum il ourent passed le flun Jurdan en Aroer, vindrent à destre de la cited* ...; 216,10 302,6. 381,19 *Cume il vint à unes loges à pastures, en ce chemin, Truvad i les frères Achazie le rei de Juda.* Klatt bemerkt pg. 13, dass das Fürwort in uneingeleiteter Sätzen wiederholt werden müsse, da es dem Sprachgefühl zuwider sei, wenn der Nachsatz unmittelbar mit dem Verbalbegriff anhebe, und dass der Nachsatz nur in einzelnen Fällen, wenn eine besondere Wirkung dadurch beabsichtigt werden soll, unmittelbar mit dem Verb eröffnet werde. Dass diese Bemerkung dem Sprachgebrauch unserer Texte nicht entspricht, zeigen die hier und im Vorhergehenden citierten zahlreichen Beispiele, in denen eine rhetorische Absicht nicht zu erkennen ist. Dagegen müssen wir die von Klatt ibid. ausgesprochene Behauptung, dass die Partikel *si* stets die Wiederholung des Fürworts als Subject zurückweise, bestätigen. Wir haben in den von uns untersuchten Denkmälern keine einzige Stelle gefunden, an der das Pron. nach *si* wiederholt ist. Aus den Q. L. R. können wir nur ein Beispiel dafür beibringen, im Vorangegangenen finden sich indessen Sätze genug, welche die Richtigkeit dieser Behauptung darthun. Q. L. R. 367,16 *E cume il out ured, si dist.* — Der Hauptsatz ist eingeleitet durch *e* 143,19 *Dès le jur que jo establi juges sur mun pople de Israel e repos te durrai et pais de tuz tes enemis;* durch *dunc* 139,4 *E cume tu orras le sun e la noise des angeles ki ..., dunc les iras férir;* 177,4. 189,2. — 292,12 ist Nachsatz zu mehreren verbundenen Conjunctionalsätzen, unter denen sich einer mit verschiedenem pronom. Subject findet. — 30,2. 52,5 *e quel part qu'il se turnout, ses adversaries surmuntout;* 242,3. 311,2. 321,20. 365,2. 226,19. 261,17 *e quant tu l'averas oïd, propice lur seies e fai merci;* 55,4. 102,2. 358,12. 235,12. 356,11. 224,3. 78,14 *si jo puis enquerre la volented mun perre, demain u puis demain, e rien de bien i ait vers tei, hastivement le te manderai;* 213,16. 236,4. 115,10.

66,16. 314,14. 372,6. 404,15. 16,8 *Cum il oï la plainte ...,
que ço dust erranment enquist;* 107,13. 275,13.
Das Pronomen ist wiederholt 177,1 *Si tu t'en viens od
mei, tu m'iers a charge;* 301,15 *Si vus Deu querez vus le truverez;* ib. 19 *E quant il returnerunt en lur grant anguisse e
nostre Seignur querrunt, il le truverunt* und zwar an allen
3 Stellen wegen des folgenden tonlosen Pron. im Dativ resp.
Accusativ, das nicht den Satz anfangen kann.

Wenn wir wieder die Sätze, in denen ein proclitisches
Objectspron. oder die Adverbien *en* und *i* die Auslassung
des Subjectspron. verhinderten, nicht berücksichtigen, so zeigt
sich das Fürwort als Subject in den von uns untersuchten
Denkmälern nur 2 Mal im Cambr. Ps. (12 Mal ausgelassen),
1 Mal im Computus (10 Mal ausgel.), 1 Mal im Münch. Brut
(10 Mal ausgel.), während dasselbe in den übrigen Texten,
also auch in den Q. L. R., fehlt. Die Setzung des pronominalen Subjects in den poetischen Denkmälern dürfen wir
metrischen Gründen zuschreiben. Schwierigkeiten würde uns
nur die Erklärung des Vorhandenseins des Pron. im Cambr.
Ps. bereiten, indessen ist zu beachten, dass die Psalmenübersetzungen eine Sonderstellung einnehmen. Wir glauben auf
Grund der vorangegangenen Untersuchung die Regel aufstellen
zu dürfen, dass das pronominale Subject des Vordersatzes im
Nachsatze bis zur Mitte des 12. Jahrhunderts nicht wiederholt wird. Ob die Behauptung Klatt's, dass im 13. Jahrh.
das Pron. im uneingeleiteten Nachsatze der Regel nach wiederholt werde, in dieser Allgemeinheit richtig ist, muss eine
spätere Untersuchung entscheiden. Klatt hat übersehen, dass
in der Mehrzahl der von ihm citierten Beispiele auf das
Snbjectspron. ein tonloses Objectspron. folgt.

**e. Im Vordersatze ist ein Subjectspronomen zu ergänzen,
das vom Subjecte des Nachsatzes verschieden ist.**

Passion. Das Pronomen ist hinzugefügt, d. h. im Nachsatze steht ein pronominales Subject, das von dem zu ergänzenden Subjectspron. des Vordersatzes verschieden ist 125 b
Lui que aiude nuls uencera cum peis lor fai il creisent mais.
Alexislied. Das Subject fehlt im Hauptsatze, d. h. im

Vorder- und Nachsatze ist ein verschiedenes Subjectspronomen zu ergänzen. 10b *quant uint al fare dunc le funt gentement,* Stengel: *sil funt mult;* 98e *si me leust si tousse bien guardet;* 41b. 84e. In diesen Beispielen steht im Vordersatze ein unpersönliches Verbum, während im Hauptsatze ein persönliches Fürwort zu ergänzen ist. 20e. 31b *Co di la medre se a mei te uols tenir. sit guarderai pur amur Alexis;* 92b *ainz que ned fusses sin fui mult angussuse.*

Rolandslied. Das Subjectspron. fehlt 935. 1721 *Se puis ueeir ma gente sorur Alde. Ne ierreiez ia mais entre sa brace,* da die Form *ierreiez* im Halbverse nicht anwendbar ist, schreiben Müller und Gautier *Vus ne gerrez;* 1848 *Si est blecet ne quit que anme i remaigne;* 333 *Quant le dut prendre (sc. Guenes) si li cait (sc. li guanz) a tere;* 476. 902. 3836. Im Vordersatze steht ein Imperativ verschiedener Person als das im Nachsatze zu ergänzende Subjectspronomen, der in Wirklichkeit ein Conditionalsatz ist 3593 *Deuen mes hom en fedeltet uoeill rendre.* Müller: *en fied le te voeill rendre.* Die Partikel *si* leitet den Nachsatz ein 878 *Eslisez mei. XII. de uoz baruns. Sim cumbatrai as. XII. cumpaignuns,* doch muss bemerkt werden, dass *si* (dasselbe gilt von *et*) in diesem Falle sowohl = „und" als auch = „so" des Nachsatzes aufgefasst werden kann, vgl. Wehrmann a. a. O. p. 389, 402, 403. Die Partikel *et* ist dem Nachsatze vorangestellt 2680 *Si li portez cest uncel dor mer. E a mei uenget pur reconoistre sun feu,* wo das Verb zwar nicht im Futur steht, wodurch die Folge aus dem vorhergehenden Satze ersichtlicher würde; vgl. Wehrmann pg. 389. 3598 *Receif la lei que deus nos apresentet. Chrestientet e pui te amerai sempres,* wo Müller nach Hofmann liest: *e jo t'amerai sempres.*

Das Pronomen ist hinzugefügt 75 *Par uoz saueirs se me puez acorder. Jo uos durrai or e argent asez;* 2684. 3207. 3670 *Sor i ad cel qui Carle cuntredire uoillet* (Müller: *cuntrediet*), *Il le fait pendre o ardeir ou ocire.* Ein Imperativ, der in Wirklichkeit ein Conditionalsatz ist, steht im Vordersatz 498 *Liurez le mei io en ferai la justise.* An den citierten Stellen ist das Pron. gesetzt, um den Satz nicht mit proclitischem pronom. Object oder *en* zu beginnen. Die Partikel *et* leitet den Hauptsatz ein 40 *Sen uolt ostages e uos l'en enueiez;* hier ersetzt das Praes. Ind. mit futur. Bedeutung den Imperativ, der oft durch das Futur vertreten wird. Vgl. Vogels, Rom. Stud. V 501. — 269 *Dunez men sire le bastun e le quant. et jo irai al Sarazin en Espaigne.* (die Herausgeber setzen *Sarazin Espan).*

Karls Reise. Das Pron. fehlt 322 *Si senz guarde remaint (sc. la carue), criem k'ele seit perdue;* der Herausgeber tilgt das handschriftliche *jo.* 698. 742. 517 *Ainz ke seiez calciez, le matin le dirai.*

Das Subject ist ausgedrückt 498 *Quant mielz s'eslaisserunt, Jo vendrai (ja) sur destre curant par tel vigur Ke..*; Suchier möchte *Jo i vendrai sur destre* vorziehen.

Brandan. Das Subjectspron. fehlt 1832 *Quant vint al tens que il finat Ralat u deus lui destinat.* — 531 *Puis que out co fait lui seruimes.* 731. 864 *Quant mesters est uus succurrai,* in diesen drei Beispielen ist das an der Spitze des Nachsatzes stehende Objectspron. betont. — 593 *Cum lur ad dist eissil firent;* 448. 619.

Oxforder Psalter. 9,3 *En tresturnant le mien enemi ariere, serunt enfermet, e perirunt de la tue face;* 103,29 *Dunant tei à icels, cuildrunt;* 103,30 *Desturnant acertes tei ta face, serunt turbé.*

Cambridger Psalter. Das Pron. fehlt 103,28 wie im Oxf. Ps. Das Subject ist ausgedrückt 88,33 *Se mes solennitez escuminierunt, e mes cumandemenz ne guarderunt; Je visiterai en verge lur felonies.*

Computus. Das Subject ist nicht ausgedrückt 388 *Mais quant vait traversant, Dunc se vunt aluignant;* 439. 2155. 3345 *Mais que n'algiez errant, De cest petit folant, Uncor le uus dirrai.*

Bestiaire. Der Nominativ fehlt 1354 *S'i ad viand e pais, n'en turnerat jamais;* 424. 598. 1333 *le pople de Israel, Quant surmenter volait, ses mains al cel trendrait* (sc. Moyses).

Das Subjectspron. begegnet 561 *Se puis le alout cachant, ele vendrait devant.*

Münchener Brut. Das Subjectspron. ist ausgelassen

826 *Si nel faisum hardiement, Livreit i suns a grant torment;* 1026. 994. 704 *Se ne fais cho que jo dirai, Del cors ta teste partirai;* 2325.

Das Subject ist ausgedrückt 728 *Si ne m'aiues d'els dechoivre, Jo te ferai grief mort rechoivre,* da ein proclitisches Objectspron. auf den Nominativ folgt. Das Pronom. steht in dem eingeleiteten Satze 2895 *Puis que d'amor es vers moi dure, Or mais n'avrai ge de toi cure.*

Les quatre livres des Rois. Der Nominativ fehlt 3,15 *si fust tun plaisir que véisses ma misérie, e ma afflictiun, e tei membrast de mei la tue ancele, que..., durreie-le tei à tun servise;* 187,3. 371,8. 110,17. 53,11 *cume furent asemblé, sa gent anumbrad;* 243,10. 161,1. 187,6. 232,11 *si cume l'as cumanded, tut issi l'frai.*

Das Subject ist hinzugefügt 176,2 *Si grâce puis truver vers nostre Seignur, il me remerrad;* 234,18 *Pur ço, bel Sire, si te plaist, tu me durras sen que...* Ein proclitisches Objectspron. folgt nicht unmittelbar auf den Nominativ 353,4 *se ne fust pur le rei Josaphat, jo ne te véisse;* man kann hier die bereits im Abschnitte a) citierte Stelle anführen 94,5 *si nostre Sire ne l'ocist u de sa dreite mort muire, u en bataille, jo ne metrai main sur lui.* Vielleicht ist es erlaubt, hierher zu ziehen 268,7 *Mais si tu e li tuns lignages se tresturned de mei..., e cumenzst à cultiver deus avuiltres e aurer, Jo osterai Israel de la terre...,* wo das Subject des ersten Nebensatzes zwar ein betontes Pron. und ein Substantivum, das Subject des verbundenen Conjunctionalsatzes aber zu ergänzen ist. Im Vordersatz steht ein Imperativ 24,7 *voz quers à Deu aprestez, e à lui sulement servez, e il vus déliverad de voz enemis.*

Ohne folgendes proclitisches Objectspronomen oder *en* resp. *i* erscheint das Fürwort als Subject 1 Mal in Passion (kein Beispiel für die Auslassung), 2 Mal im Rolandslied (12 Beispiele für die Ausl.), 1 Mal in Karls Reise (4 Beispiele für die Ausl.), 1 Mal im Cambr. Ps. (2 Beispiele für die Ausl. des Pron.), 1 Mal im Bestiaire (4 Beispiele für die Ausl.), 1 Mal im Münch. Br. (1 Beisp. für die Ausl.), 4 Mal in Q. L. R. (9 Beisp. für Auslassung). In den Q. L. R. besitzen 31% sämmtlicher Sätze ein Subject. Bis zur Mitte des 12. Jahrh. ist die Auslassung des Pron. als Subject im Nachsatze, das von dem zu ergänzenden Subjectspronomen des Vordersatzes verschieden ist, also das Gewöhnliche; während der Sprachgebrauch in einigen der besprochenen Satzverbindungen das pronom. Subject zu unterdrücken vorschreibt, muss constatiert werden, dass dieses in dem in Rede stehenden Falle doch auch erscheint.

f. Im Vordersatze ist ein Subjectspronomen zu ergänzen, das mit dem Subjecte des Nachsatzes identisch ist.

Passion. Das Subjectspron. fehlt, d. h. im Vorder- und Nachsatze ist ein gemeinschaftliches Fürwort als Subject zu ergänzen 64b *Et cum asez. lont escarnid dunc li uestent son uestiment;* 33b. 71b. 94b. 18b *Cum cho ag dit e percuidat en templum deu semper intret;* 13c *A la ciptad cum aproismet et el la uid e lla sgarded de son piu cor greu suspiret.*

Leodegarlied. Das Subject ist nicht ausgesprochen 15f *cum uit les meis a lui ralat;* 26e. 19d. 22f *cum fulc en aut grand adunat lo regne prest a deuastar;* 12d.

Alexislied. Das Subjectspron. ist nicht gesetzt 12a. 92a, vgl. G. Paris; 116d *uoillent o nun sil laissent metra an terre;* 120b nach einem Conditionalsatze, der durch den blossen Conjunctiv ausgedrückt ist, vgl. Wehrmann a. a. O. pg.444. 15b. 90d. 30e. 12e. 40c *quant uit sun regne durement sen redutet.*

Das Subjectspronomen ist hinzugefügt 46b *E deus dist il quer ousse un sergant. ki l me guardrat io l en fereie franc,* um nicht den Nachsatz mit proclitischem Objectspronomen zu beginnen.

Rolandslied. Das Subject fehlt 279 *Se lui lessez ni trametrez plus saiue;* 338. 893. 1134. 614. 658. 493. 2223 *Li arceuesques quant uit pasmer Rollant. Dunc out tel doel unkes mais nout si grant.* 953 *Venez i reis sil uerrez ueirement,* wo der Imperativ einen Conditionalsatz ausdrückt (vgl. Wehrmann a. a. O. 402); 1626 *Voelent u nun si guerpissent le camp;* 1419. 2043 (vgl. Müller). 2168. 2220. 3111. 3534.

434 *Se cest acorde ne uulez otrier. Pris e licz serez par poested*; 899. 142. 1805. 914.

Das pronominale Subject ist hinzugefügt 987 *Se nel asaill dunc ne faz io que creire.*

Gormund et Isembard. Das Subjectspron. ist ausgelassen 118 *si lors ne vait à lui juster, dunc se tiendra pur afole*; 334. 199. 250. 70 *u vit Gormund, cest d'Oriente; sur sun escu li duna grande*, vgl. Heiligbrodt pg. 573.

Das Fürwort zeigt sich 648 *si veirement cum ceo feis, si aiez vus de mei merci.*

Karls Reise. Das Subject ist unterdrückt 585. 661. 686 *Quant turnastes de nus, grant ultrage feistes.* 713. 824. 52. 468.

Das Subjectspron. ist hinzugefügt 696 *Si ne li abandun, dunc ne me pris jo mie.*

Brandan. Das Subjectspron. ist ausgefallen 320 *E puis que out fait le larecin Reuin dormer en sun reclin;* 952. 1000 *Puis quant lure sen alirent*, hier ist die sonst consequent befolgte Regel, dass ein proclititsches Objectspron. nicht den Nachsatz beginnen darf, verletzt. Der Vers lautet in dem von Theodor Auracher herausgegebenen Brandan der Arsenalhs. B. L. F. 283 Zeitschr. f. R. Phil. II 449 Vers 953 *Quant ont lore si sen issirent.* Der Vers in unserem Texte dürfte danach zu berichtigen sein. — 553 *Pui que out co dist si sen alat;* 881. 1063. 1153. 1284. 22. 705. 1300. 1549. 549. 619. 1100. 1121. 925 *Puis que out dist a deu urat;* 476. 729. 1295 *Quant vi qu en cruz esteit penduz ... Les deners tost offri trente.*

Das Subject ist im Nachsatze gesetzt 1801 *Puis que out co dist il en alat*, damit nicht das Adverbium *en* an den Anfang des Satzes trete.

Cambridger Psalter. Das Subject ist ausgedrückt 55,3 *Quelqueunches jur espoentez sui, jeo en tei m'afierai*, ego in te confidam; 117,5 *Cume esteie traveillet, je apelai le Seignur.*

Computus. Das Pron. fehlt 1334. 1557 *Asemblez Y̌ e O, Sin avrez un YO;* 3490. 3549. 2528. 2071. 2053. 3008. 3071. 3477. 3416. 2844 *Ensemble les metez, Trente e sis i avrez;* 3068. 3179 *Les epactes pernez, As riulers les justez ...,*

E par içö savrez, e kann indessen auch als kopulative Partikel = „und" aufgefasst werden; 2544. 2678 *Cum plus le drecerez, Mielz e mielz le verrez;* 2470. Das Pron. ist hinzugefügt 2663 *Sel volez esluignier, Dreit devant vus drecier, Vus verrez la figure De cele creature, Vus* fehlt in der Hs. C.

Bestiaire. Das pronominale Subject fehlt 312 *Quant l'ad aperceud, met sai en la palud;* 426. 619. 873. 315. 331. 381. 668. 849. 1013. 348 *quant manget ad si plure;* 826. 178. 20 *Quant faim ad u maltalent, bestes mangue ensement;* 739. 804. 831. 1094. 1125. 1345. 116 *Pur ceo que mort dutout, hume se demustrout;* 1212. 472, wo im verbundenen Conjunctionalsatze das Subjectspron. hinzugefügt ist; 700. 1357. 230. 473. 422. 862. 756 *Ke si cuchet estait par sei nen leverait;* 970. 585. 352. 1181. 1231. 1398—99.

Münchener Brut. Das Subject ist nicht ausgedrückt 950 *Si remaneiz en ceste terre, Ne sereiz mais nul jor senz guerre;* 1072. 1276. 2308. 3192. 3844. 4031. 1150 *Quant tot cho orent espiet, Si sunt arriere repairiet;* 3213. 2152. 3901. 1332. 4116. 1532. 2061. 2538. 2877. 3514. 3458 *Quant ses homes ot aduneiz, Al roi Leïr les a livreiz;* 2088. 3237, das Subject des syndetisch verbundenen Nebensatzes ist ein Substantivum; 3709. 1592. 1723 *Cum plus cumbatent, plus s'avivent;* 1898.

Das Subjectspron. ist hinzugefügt 1302 *Quar quant luitoit a un gaiant, Il le ruout cum un enfant;* 1559 *Quan le leu vit si acceptable Pur chastel faire parmanable, Il commencha ses fermeteiz.*

Les quatre livres des Rois. Das pronominale Subject fehlt im Nachsatze 33,5 *E quant enterras en la cité, encunteras les prophètes ki...;* 366,3. 33,1. 33,18. 253,3. 260,2. 294,5. 328,16. 382,5. 398,10. 40,18. 371,6 *Si ci attendums, tuit i murrums;* 366,3. 40,1. 30,6. 20,4 *E si arière envéer le volez voide e senz honur, mar l'enveierez;* 180,8. 16,18. 32,12. 53,14. 53,16. 387,10. 347,2 *Pur ço que enveias tes messages pur cunseil demander à Belsébud le déable de Acharon ......, pur ço del lit u tu es aculchiez ne leveras.* Man kann hier anführen 43,12.

Das Subjectspron. ist hinzugefügt 36,11 *Si poum aveir rescusse, nus l'atenderum, si nun, nus nus rendrum*, um zu verhindern, dass das tonlose Pron. im Accusativ den Satz beginne.

Ausser den Fällen, in welchen ein proclitisches Objectspron. oder die Adverbien *en* und *i* die Auslassung des Subjectspron. verhinderten, zeigt sich dieses 1 Mal im eingeleiteten Nachsatze in dem Rolandsliede (22 Mal ausgelassen), 1 Mal in Gorm. u. Isemb. (5 Mal ausgelassen), 1 Mal im eingeleiteten Satze in Karls Reise (7 Mal ausgelassen), 1 Mal im Cambr. Ps. abgesehen von der Stelle, an welcher das Pron. im Latein. steht, je 1 Mal im uneingeleiteten Satze im Computus und Münchener Brut (17 resp. 25 Mal ausgelassen). In den Q. L. R. finden sich keine Beispiele für die Setzung. Dieser Umstand berechtigt uns, die Setzung des pronominalen Subjects in den poetischen Denkmälern dem Metrum zuzuschreiben. Dann käme das Pron. als Subject also nur im Cambr. Psalter 1 Mal vor. Da in den Psalmenübersetzungen oft keine französische Originalconstruction vorliegt, so glauben wir für die Zeit bis zur Mitte des 12. Jh. folgende Regel aufstellen zu dürfen: Wird im Vordersatze das Subjectspronomen nicht gesetzt, so wird dasselbe auch im Nachsatze unterdrückt.

Wir stellen hier die Resultate zusammen, die in der vorangegangenen Untersuchung über die Anwendung des Subjectspron. im Nachsatze sich uns ergeben haben.

1) Ein nominales oder pronominales Subject im Vordersatze wird im Nachsatze nicht wiederholt.

2) Steht im Vordersatze ein nominales Subject, das vom Subjecte des Nachsatzes verschieden ist, so ist die Auslassung des Fürworts als Subject noch das Gewöhnliche. In den Q. L. R. beläuft sich die Verhältnisszahl der Sätze, welche ein Subject im Nachsatze haben, auf 22%.

3) Am häufigsten erscheint das Fürwort als Subject, das von dem pronominalen Subjecte des Vordersatzes verschieden ist. In Q. L. R. besitzen 37% der Hauptsätze ein ausgedrücktes Subject.

4) Ist im Vordersatze ein Subjectspron. zu ergänzen, das vom Subjecte des Nachsatzes verschieden ist, so ist auch im

Hauptsatze die Auslassung des Fürworts das Gewöhnliche. In den Q. L. R. weisen 31% sämmtlicher Sätze in diesem Falle ein Pron. als Subject im Nachsatze auf.

5) Wird im Vordersatze das Subjectspron. nicht gesetzt, so wird das gemeinschaftliche Subject auch im Nachsatze nicht ausgedrückt.

B. Im Befehlssatze.
I. Im Imperativ.
a. Im positiven Imperativ.

Wenn der positive Imperativ einen Befehl ausdrückt (2 pers. sing. und plur., 1 pers. plur.), so ist im Altfranzösischen wie im Neufranzösischen Auslassung des pronominalen Subjects Gesetz. Vgl. Diez III 304, Morf pg. 202. In den ältesten Sprachdenkmälern wird indessen, wie allgemein bekannt ist, der Nominativ der verbundenen Fürwörter zuweilen zum Imperativ hinzugefügt. Vgl. Tobler, Göttinger gel. Anz. 1872 pg. 895. In unseren Texten steht an folgenden Stellen das Fürwort als Subject beim Imperativ.

Passion. 77c *de nos aies uera mercet tu nos perdone celz pecaz que nos uetdest tua pietad*, wo auf das Subjectspron. ein proclitisches Objectspron. folgt.

Alexislied. 67e *e reis celeste tu nus i fai uenir*, vgl. die Anmerkung von G. Paris pg. 189; Tobler a. a. O. 895.

Rolandslied. Nur eine scheinbare Ausnahme von der allgemeinen Regel bietet das Rolandslied 508 *Co dist li reis e uos li ameneiz*, da *vus* betont und, wie die Nominative von Nominibus, selbstständiger Natur ist, vgl. Morf 203.

Karls Reise. Um das richtige Versmass herzustellen, lässt der Herausgeber den Nominativ des Pron. zum Imperativ hinzutreten 764 *E dist Hugue li Forz: „Veez (vus) ci Bernart..."* Suchier will das handschriftliche *veez ci* in *veez ici* ändern.

Brandan. 14 *Mais tul defent ne seit gabeth*.

Oxforder Psalter. 24,8 *Sulunc la tue misericorde remembre de mei, tu, pur la tue buntet, Sire* ist das Fürwort wohl betont. Steht das Pron. unmittelbar vor einem nominalen Vocativ oder vor einem Relativum, so gehört dasselbe zu diesen Satzteilen und nicht zum Imperativ, z. B. 2,10 *Et hore, vus reis, entendez.*

Cambridger Psalter. 24,6 wie im Oxf. Ps.; 61,5 in einem syndetisch verbundenen Satze *Mais nequedent vers Deu te tais tu, la meie aneme.*

Bestiaire. 455 *Et os tu, hom de Dé, ceo est auctorité;* 467, wo das Pron. aber auch betont ist.

Münchener Brut. 726 *Del bien ferir apareilliez, Dels ocire me ferai prest, Et tul fai ensi cum oes t'est;* auch hier ist das Subjectspron. hervorgehoben, da ein Gegensatz ausgedrückt werden soll.

Les quatre livres des Rois. 315,18 *Si nostre Sires est Deu, e vus le servez, e si Baal est Deu à lui vus tenez.* Betont ist das Fürwort in den syndetisch verbundenen Sätzen 197 *Va, si m'asemble tuz ces de Juda, si's fai venir al tierz jur e tu en vien od els:* et tu adesto praesens und 72,3.

b. Im negativen Imperativ.

Auch der negative Imperativ bedarf im Altfranzösischen ebenso wenig wie im Neufranzösischen eines pronominalen Subjects; doch kann der Nominativ der persönlichen Fürwörter zu demselben hinzutreten.

Wir haben in unseren Texten nur eine Stelle gefunden, an der ein Subjectspron. zu negativem Imperativ hinzugefügt ist, obgleich Tobler die Setzung in diesem Falle als sehr gewöhnlich bezeichnet.

Passion. 103b *A sos fidel tot annunciaz, mas uos Petdrun noi oblidez* in einem syndetisch angereihten Satze.

Das Fürwort begegnet dagegen häufiger beim negativen Infinitiv, der einen negativen Imperativ vertritt.

Gormund et Isembard. 510 *Pur le tuen Deu, sire Isembarz, gentils, ne nus faillir tu ja!*

Oxforder Psalter. 27,3 *Nient ensembleement ne livrer tu mei ot les peccheurs, e ot les ovranz felunie ne perdre mei;* 36,1. 37,22. 73,24. 101,2 *Ne desturner tu ta face de mei.*

II. Im conjunctivischen Befehlssatze.

Der Conjunctiv wird im Altfranzösischen wie im Lateinischen im Hauptsatze angewandt, um einen Wunsch, eine Aufforderung oder ein Gebot auszudrücken. Doch gebraucht die französische Sprache den Conjunctiv zum Ausdrucke des Wunsches in viel beschränkterem Masse als das Lateinische. Im Neufranzösischen findet sich dieser Conjunctiv nur im Präsens und im Imperfectum und zwar selten anders als in der dritten Person, im Altfranzösischen auch in den anderen Personen dieser Zeiten. Während in der modernen Sprache der Conjunctiv bei allen Verben bis auf wenige Ausnahmen mit que, wie im Lateinischen mit utinam, eingeführt wird, ist die Anwendung der Conjunction que im Altfranzösischen durchaus nicht erforderlich. Der altfranzösische Sprachgebrauch erachtet in der Regel auch die Setzung des persönlichen Fürworts als Subject beim Conjunctiv für erlässlich.

Passion. 74c *de met membres per ta mercet cum tu uendras Crist en ton. ren;* 77b. 128b. 127c *drontre nos lez facam lo ben;* 128d. 129a—c.

Leodegarlied. Das Subject fehlt 8b *A sel mandat e cio li dist a curt fust sempre lui seruist.*

Das Subject ist ausgedrückt 40e *il nos aiud ob ciel senior*, wo ein proclitisches Objectspron. auf den Nominativ folgt.

Alexislied. Das Subjectspron. ist ausgelassen 46a *E deus dist il quer ousse un sergant ki*... Ueber den Modus nach car vgl. Diez III 214, Foerster, Z. f. R. Ph. 179 zu 3902, Wehrmann a. a. O. 435, Quiehl, Der Gebrauch des Konjunktivs in den ältesten franz. Sprachdenkmälern, Kiel 1881, pg. 12 Anm. 2. 58b. 124e. 125a. 125c *en icest siecle nus acat pais e glorie.*

Rolandslied. Das Subjectspron. fehlt 424 *Respunt Marsilie or diet nus lorrum;* 493. 2197. 3589. 3902. 3757. 3897 *Tut seie fel se io mie lotrei;* 3272 *Ki par noz deus uoelt aveir guarison. Sis prit e seruet par grant afflictiun.*

Das Subject ist ausgedrückt 1855 *Tutes uoz annes otreit il pareis;* 1856. 1958 *E dist apres paien mal aies tu.*

Gormund et Isembard. Wir finden ein Beispiel für

die Auslassung nur in einem asyndetisch beigeordneten Satze 649 *la meie mort parduins icil...*, cf. Heiligbrodt pg. 583. Das Pron. ist hinzugefügt 648 *si veirement cum ceo feis si aiez vus de mei merci.*

Karls Reise. Der Nominativ fehlt 327. 489 *Si jo n'ai testimunie de lei anuit cent feiz, Demain perde la teste...*; 695.

Brandan. Das Pron. ist nicht gesetzt 245. 514. 650 *Aient li duit que trouet auum.*

Oxforder Psalter. In selbstständigen Hauptsätzen fehlt das Subjectspron. 30,20 *Ne seie confundut;* 4,2 *Aies merci de mei, e oies la meie ureisun;* 6,2. 40,4. 50,1. 55,1. 56,1. 85,3. 6,4. 20,13. 56,7. 56,14. 107,5. 93,2. 118,159. 36,6. 44,4. 61,5. 70,4. 70,14. 73,2 *Remembrere seies de la tue congregatiun;* 73,19. 118,49. 136,9. 79,15. 38,17 *Ne taises;* 24,19 *Veies la meie humilitet e mun travail;* 25,32. 36,1. 48,17. 19,2 *Enveit à tei ajue de saint, e de Syon defendet tei;* 19,3. 19,4. 120,3. 19,7. 5,12 *Dechedent de lur cogitatiuns;* 34,28. 67,2. 68,33. 108,14. 128,5. 34,6. 82,16. 98,3. 106,8. 106,15. 106,21. 106,31. 149,3 *Lodent le num de lui en carole.*

Das Pron. ist hinzugefügt 36,7 *Ne vuiles-tu envier en celui chi...*; 113,24 *Beneeit seiz-vus del Segnor;* 22,9 *E que je habite en la maisun del Segnur, en lungur de jurz.* Betont ist das Pron. 40,11. 39,15.

Cambridger Psalter. Das Subjectspron. fehlt 24,1. 4,1. 6,2. 24,10. 40,4. 85,3. 50,1. 55,1. 56,1. 6,4 *Seies revertiz, Sire, esrace la meie aneme;* 20,13. 56,6. 56,13. 107,5. 34,24. 44,3. 70,3. 89,14. 21,11. 70,12. 73,18. 25,9 *Ne poses od les pecheürs la meie aneme;* 26,10. 101,2. 26,14. 27,3. 73,19. 36,1. 31,10. 48,16. 84,5. 37,21 *Ne me deguerpisses, Sire, li miens Deus; ne me seies esloignez de mei;* 70,18. 38,14 *A la mei lerme ne te assurdisses;* 50,12. 70,9. 58,11. 78,8. 24,6. 82,1. 108,1. 101,23. 131,10 *Por David, le tuen serf, ne desturnz la face de tun crist;* 139,9. 140,4. 19,2. 19,3. 79,4. 108,6. 120,3. 5,11. 57,6. 57,7. 58,6. 62,11. 68,31. 82,17. 101,18. 67,2. 98,3. 106,15.

Das Subject ist ausgedrückt 6,1 *Sire, nient en ta fuirur chasties-tu mei, ne en la tue ire argües mei;* 30,18 *Sire que je ne seie cunfundut, kar je apelai tei:* Domine, ne confundar;

82,18 *Que il sacent que tis nums est Sires:* Et sciant quia ...,
108,16 *Il seient encuntre le Seignur tutes ures:* Sint contra
Dominum semper (ohne Pron. Oxf. Ps. 108,14).
Computus. 142 *E se li envius Est tant de putes murs
Qu..., Alt sei de luinz gesir.* In der Parenthese *que bien
l'entendes* 1244 *Kar es duze kalendes D'avril, que bien l'entendes,
Li nostre creaturs Furmat les primiers jurz.* 892. 2022. 3028.
3242. 3412. 3420. 3440. 3514. 3522. 3525; ohne *que* 3246.
3514. 3522.

Bestiaire. Im unverbundenen Hauptsatze finden wir
den Conjunctiv ohne Subjectspron. nur 1478 *Ki plus volt
saver de ces peres...., Si alt lire de Lapidaire.*

Münchener Brut. Im selbstständigen Hauptsatze fehlt
das pronom. Subject 986 *E si li rois cho nos otrie, Ait Grecie
en pais avoec sa vie;* 3380 *Et quant bien est apareiliez ...,
Dunt nos tramete sun message.*

Les quatre livres des Rois. Das Subject ist unterdrückt 14,11 *fachum venir l'arche de Deu de Sylo, e seit od nus;*
79,4. 83,12 *Si de aprecement à femme demandes, saces que...;*
91,9. 341,1. 412,2. 232,8. 261,17. 302,11. 386,13. 316 *Lores
requiergient lur Deus que lur busche par sei facent alumer;*
346,10. 362 *Vienge, vienge à mei, Naaman, e saverat que ...*

Das Subjectspron. ist hinzugefügt 55,4 *Beneit seies-tu de
nostre Seignur Deu:* Benedictus tu Domino. Das Pron. wird
an dieser Stelle betont sein; ebenso 106,4. 124,13. Ueber
105,5 und 224,17 vgl. oben pag. 48 im Abschnitte über den
Nachsatz sub b. Im Latein. steht kein Pron. 326 *A ores
seies-tu haitiedz.*

Das Subjectspronomen ist, wie sich aus dieser Untersuchung ergiebt, im conjunctivischen Befehlssatze gewöhnlich
ausgelassen.

III. Bei der Verwendung des Futurs im Sinne des Befehls.

Die Bemerkung Gröber's in seiner Zeitschrift IV. 463
Anm. 1, dass das Subjectspronomen bei der Verwendung des
Futurs im Sinne des Befehls constant sich zeige, hat uns
veranlasst, diese Fälle in einem besonderen Abschnitte zu
behandeln. Wir wollen hier schon mitteilen, dass wir zu dem

entgegengesetzten Resultate wie Gröber gelangt sind, dass das Fürwort als Subject beim Futurum, das einen Befehl ausdrückt, in den vor der Mitte des 12. Jahrh. verfassten Sprachdenkmälern der Regel nach ausgelassen wird. Oft kann ein Zweifel darüber obwalten, ob in dem Futur ein Befehl zu sehen ist oder nicht, und es sollen daher zum Beweise unserer Behauptung nur diejenigen Stellen herangezogen werden, an denen unseres Erachtens die Möglichkeit einer anderen Auffassungsweise ausgeschlossen scheint. Vornehmlich werden wir unseren Beweis mit Beispielen aus den Q. L. R. führen, in welchen, wie der Zusammenhang und der lateinische Text zeigen, das Futur im Sinne des Befehls verwendet ist und werden die syndetisch und asyndetisch beigeordneten Sätze, in denen dieser Gebrauch vorliegt, mit citieren.

Rolandslied. Das Pron. fehlt 196 *Il dist al rei ia mar crerez Marsilie:* glaubet niemals M.; über *mar* vgl. Tobler, Germania hrsgg. von Pfeiffer II 441. — 220. 791 *Passez les porz trestut sourement. Ja mar crendrez nul hume a mun uiuant:* fürchtet Niemanden; 3557 *Dites baron por deu si maidereiz:* Saget um Gottes willen, ob ihr mir helfen werdet. *Respundent Francs mar le demandereiz:* Fraget nicht danach; 605 *La traisun me iurrez de Rollant. si il li est* (Herausg.: *entresait),* Gautier übersetzt: Jurez-moi, sans plus tarder, jurez-moi sa mort; 944 *Co dist Marsilie seignurs uenez auant. En Rencesuals irez as porz passant:* „ihr sollt nach R. gehen, zum Passieren der Gebirgsthore." Vgl. Franz. Stud. I 367 Anm. 945 *Si aiderez a cunduire ma gent;* 2752 *De Sarraguce les clefs li portereiz. Puis li dites;* Th. Müller pg. 301: „Bringet ihm (also) die Schlüssel von S. und sagt ihm..." 3203, vgl. Gautier's Uebersetzung; 3995 *Carles sumun les oz de tun emperie. Par force iras en la tere de Bire, Reis Vivien si succuras en Imphe.*

Das Pron. ist hinzugefügt 30 *Mandez Carlun al. orguillus e al fier Fedeilz seruises e mult granz amistez Vos li durrez urs e leons e chens,* aber hier machte das proclitische Objectspron. die Auslassung des Subjects unmöglich. In Vers 37, in dem übrigens auch ein tonloses Pron. im Accusativ unmittelbar auf den Nominativ folgt, fassen wir das Fut. nicht als im Sinne eines Befehls verwendet auf. 1463 *Jo i ferrai de Durendal mespee. e uos compainz ferrez de Halteclere*, hier ist das Pron. aber betont und, wie die Nominative von Nominibus, selbstständiger Natur.

Karls Reise. Das Pron. fehlt 39 „*Nu(n) ferez,*" *dist li reis*, „*mais le rei me numez*"; 41 „*Par mun chief,*" *(ço) dist Carles*, „*or en dreit le direz U jo vus ferai ja cele teste colper*"; 221 *E dist li patriarches:* „*Ja mar en parlerez*"; 718 *Dame, mult estes bele, estes fille de rei: Puroec si dis mun gab, ja mar vus en crendreiz.*

Alexanderfragment 30 *mal en credreyz nec un de lour*, Tobler, Germania II 441: „*mal* giebt dem Satze den Charakter eines Verbots."

Brandan 588 *Puis les traualz estout suiurn Dous meis estrez ci un jurn.* In der Arsenalhs. B. L. F. 283 Vers 537 steht der Imperativ *remanez.*

Oxforder Psalter. Das Pron. fehlt 24,12 *Pur tun num, Sire, averas merci de mun pechet,* (Cambr. Ps.: *Pur le tuen num, Sire, aies merci a la meie iniquité);* 36,3 *Espeire el Seignur e fai buntet; e enhabite la terre, e seras poüt ès sues richeises. Delite-tei el Seignur;* 39,24 *Li miens ajuere e li miens defenderre tu ies; li miens Deus, ne te targeras;* 50,9 *A la meie oïe dunras goie e ledece;* 54,1 *Exoi, Deus, la meie oreisun, e ne despiras la meie preiere; entent à mei e exoimei;* 82,14. 108,1 *Deus, la meie loenge ne tasiras...;* 142,11. 142,13. 143,7 *Fuildre resplendissement, e departiras els; forsmet tes sajettes, e conturberas els.*

Das Subject ist ausgedrückt 50,8 *Tu arouseras mei de ysope, e je serai esneiet; laveras mei; e sur neif serai emblancit;* 50,16 *Sire, les meies levres tu aoverras, e la meie buche annuncerat la tue loenge,* über die Setzung des Pronomens in den durch das Object eingeleiteten Sätzen vgl. pg. 18. 142,12. Das Fürwort ist betont 50,8 *Tu, Sire, guarderas nus, e guarderas nus de ceste generaciun en parmanabletet;* 101,14 *Tu esdreçanz, Sire, auras merci de Syon.* Das Pron. gehört zum nominaleu Vocativ 7,10 *Consummede seit l'ordeet des peccheurs, e adreceras le juste, escerchanz les cuers e les rains, tu Deus.*

Cambridger Psalter. Das Pronomen fehlt 50,9 *Oït a mei fras joie e leesce;* 68,31 *Seient esgraté fors del livre des vivanz, e od les pertes ne serunt escrit:* et cum justis non scribantur (Oxf. Ps.: *e et les justes ne seient escrit);* 68,30 *Dune iniquité sur la felonie de cals, e ne vendrunt en la justise:* et non veniant in justitiam tuam; 82,15.

Das Pron. ist gesetzt 50,8 *Tu espurgeras mei de isopo.*

Computus. Das Subject ist nicht ausgedrückt 3420 *Ariere deiz turner E tun numbre guarder Enz es duze kalendes D'avril, que bien l'entendes; E cel numbre creistras Tresque vint; dunc avras Tun terme en veritet.*

Münchener Brut. Das Subjectspron. fehlt 1210 *France trespasse en occident, La guieras od toi ta gent.* Das Pron. ist hinzugefügt 721 *Tu t'en iras ainz coc cantant, Les Greus m'amaine cha avant,* da *t'en* nicht den Satz beginnen konnte.

Les quatre livres des Rois. Das pronominale Subject ist unterdrückt 4,1 *Va, bone femme, à tun ostel dormir; si te déséniveras par le dormir;* 20,13 *Sulunc le numbre des maistres citez .. faites cinc anels de fin or, après la furme... E refrez cinc raz d'or en la semblance des raz,* Zeile 14 *E rendrez loenge e glorie al halt Deu de Israel.* In der lateinischen Vorlage steht freilich an beiden Stellen das Futur: Facietisque similitudines anorum vestrorum... Et dabitis Deo Israel gloriam; aber auch für den Imperativ *faites* findet sich das Futur im Lateinischen: quinque anos aureos facietis. Das Futurum simplex kann auch im Lateinischen nicht nur die zweite Person des Imperativs vertreten, sondern bei den Komikern, also in der Volkssprache, steht es auch für die dritte Person dieses Modus. Vgl. Draeger, Historische Syntax der lateinischen Sprache, Leipzig 1874, I. § 136 pg. 256 u. Krüger, Grammatik der latein Sprache, Hannover 1842, § 464 Anm. 4, § 449 Anm. 5. Wenn daher für das französische Futurum im latein. Text ebenfalls ein Fut. steht, so kann dasselbe also trotzdem wohl im Sinne des Befehls gebraucht sein; der Zusammenhang muss dann entscheiden, ob der in Rede stehende Gebrauch vorliegt oder nicht. — 27,5 *Mais ore lur requeste orras, ne nepurquant di lur devant:* Nunc ergo vocem eorum audi .. et praedic eis jus regis; 29,18 *Jo ai ici alques d'argent; de ço li frum nostre présent, e frad nus alcun adrecement:* demus homini Dei, ut indicet nobis viam nostram; 31,8 *mar en auras nul marement:* ne sollicitus sis; 41,1 *Mar aurez pour:* Nolite timere; 88,17. 110,1. 150,6. 311,11. 367,14. 437,6. 53,16 *Va t'en d'ici, mar i aresterras:* Abite, recedite, atque descendite ab Amaleo; 82,4. 103 *Respundi David à Abisaï: Mar l'ociras,* Ne interficias eum; 85,6. 164,19. 409,19. 410,1 *mar en orrez de ço vostre rei:* Nolite audire Ezechiam. Das Pron. ist nie gesetzt nach *mar,* das dem Satze den Charakter eines Verbots verleiht. — 32,4 *Lieve, lieve si t'en irras*: steh' auf und geh'; 45,5 *Vien, si'n irrum en l'ost des Philistiens:* Veni, et transeamus ad stationem Ph.; 50,13 *Dunc dist Saül: Faites ci venir les princes e les maistres; e saverums par ki cest pecchié est avenuz...* Applicate huc universos angulos populi: et scitote, e videte per quem acciderit peccatum. hoc hodie; 63,10, wo dem Futurum Imperative vorhergehen und folgen; 79 Jonathas sagt zu David: *E enqueste iert faite de tun siége...;* deshalb erteilt er ihm folgenden Rat: *Pur ço t'en va délivrement; e vendras là ù tu te musceras, al jur uverable, e serras après la pierre que l'um apele Ezel* und verstecke dich hinter dem Steine, den man Ezel nennt; im lat. Text steht freilich das Futur sedebis, aber auch für den Imperativ *t'en va* findet sich dort das Futur: Descendes ergo festinus; 97 *Dis bachilers i tramist, si lur dist: En Carmele en irez, e jesques à Nabal vendrez, e de la meie part le saluerez; E si li dirrez;* für das erste Futur steht in der lateinischen Vorlage der Imperativ: Ascendite in Carmelun, für die folgenden das Futurum. 104,2 *Mais ore pren la lance ki est à sun chief e la cupe, si en irrum:* et abeamus; 117,5 *Respundi David: Ne l' frez pas issi, mes chiers frères; ne seit mais oïe de vus tel parole;* im Lateinischen steht das Futur; vielleicht auch 185,14. 368,14. 125,19 *Dist Abner à Joab: Faites lever de ces vadlez, e juerunt devant nus:* Surgant pueri, et ludant coram nobis. 138 *Nostre Sire respundi: N'i iras pas dreit encuntre els, mais derière els en vendras encuntre le plur e la plainte:* Non ascendas contra eos; 143,10 Gott erteilt Nathan einen Befehl *Mais ore dirras ces paroles à David de la meie part:* Et nunc haec dices servo meo David, also Futur im Lat.; 156,1 *Remain ui mais; e le matin returneras:* Mane hic etiam hodie, et cras dimittam te;

163,2 *Jonadad respundi: Malade te feindras e encuntre lit girras; e quant li reis vendrad pur tei véer, si li dirras:* Cuba super lectum tuum, et languorem simula: cumque venerit pater tuus ut visitet te, dic ei; 168,1 gehen zwei Imperative vorher: *Vendras devant le rei, si parleras al rei,* im Latein. steht das Futurum; 195,14 *E vée ci Chanaan tis serfs; il irrad od tei, e ço que te plaist li fras:* et fac ei quidquid tibi bonum videtur; 224,10 David befiehlt *Si l'enuined iloc li prestres Sadoc* (Et ungat eum ibi Sadoc sacerdos), *si sunerez une busine e dirrez: ... E od lui alez e venez;* im Lat. stehen Futura, canetis, dicetis, aber auch ascendetis für *alez;* 282 *Roboam respundi al pople: Or vus en alez, e al tierz jur revendrez, e ma volented orrez,* Ite usque ad tertium diem, et revertimini ad me; 324,1 *Respundirent li antif hume de Israel e li einznez: De tut ço rien ne li fras ne nient n'i assentiras,* Non audias, neque acquiescas illi; 336,4 *Va en Ramoth de Galaath, prosprement i iras, e la cited prendras:* Ascende in Ramoth Galaad, et vade prospere, et tradet Dominus in manus regis; 358 *Pren mun bastun en ta main si t'en va; si heom te encuntre, nient ne l'salueras, e s'il te salued, nient ne respunderas* (non salutes eum, non respondeas illi), *e cest mien bastun sur la face del enfant metras:* et pones baculum meum super faciem pueri; 362,12 *Vienge, vienge à mei, Naaman, e saverat que il i ad prophète en Israel:* veniat ad me, et sciat esse prophetem in Israel; 418 *Respundi prophètes: Ore orras la parole nostre Seignur,* Audi sermonem Domini; 424 *E la dame lur fist cest respuns: Ço dirrez à celi ki chà vus enveiad,* Dicite viro qui misit vos ad me; 425,4.

Das Pronomen ist hinzugefügt 46,9 *Fist Jonathas: A els irrum, e pois que à els aparrum, S'il nus dient: Atendez jesque à vus vienium, nus i aresterrum* (stemus in loco nostro), *e à els n'aprecerum;* 46,11 *S'il nus dient: A nus venez, nus i irrum* (ascendamus), *kar à mort sunt livrez,* an beiden Stellen konnte das Pron. nicht ausgelassen werden, da sonst das Adverbium *i* an den Anfang des Nachsatzes getreten wäre. Betont ist das Pron. 195,13 *E vée ci Chanaan tis serfs; il irrad od tei, e ço que te plaist li fras* (ohne Pron.): ipse vadat tecum. Das Subjectspron. ist unbetont und nicht von einem proclitischen

Objectspron. oder en resp. *i* begleitet 13,5 *Hely respundi: Sires est, il frad que bon li iert,* quod bonum est in oculis suis faciat. 327,13 *L'um dit ço que li rei de Israel sunt mult merciable, pur ço nus nus vestirums de sacs e vendrums devant lu rei:* ponamus itaque saccos in lumbis nostris.

Im Vorangegangenen haben wir sämmtliche Beispiele aufgeführt, in denen 'nach unserer Auffassung das Futur im Sinne des Befehls gebraucht ist und einen Imperativ oder Conjunctiv vertritt. In weitaus den meisten Fällen ist das Subjectspron. unterdrückt. Man darf nicht übersehen, dass in manchen Sätzen die Setzung nicht möglich ist, da sie eingeleitet sind; daneben sind aber auch viele uneingeleitete citiert, in denen das Subject nicht ausgedrückt ist. Sollten uns bei unserer Untersuchung einige Stellen entgangen sein, an denen das Futur statt eines Imperativs oder Conjunctivs steht, so zeigt das Vorgetragene doch zur Genüge, dass Gröbers Bemerkung, das Subjectspronomen zeige sich constant bei Verwendung des Futurs im Sinne des Befehls, dem Sprachgebrauche unserer Texte keineswegs entspricht.

C. Im Fragesatze.
I. Der Fragesatz enthält ein Fragewort.

Passion. Das Subjectspron. fehlt 21c *que men dares e l uos tradran;* 38b *Amicx zo dis lo bons Ihesus per que m trades in to baisol;* 79d *hebraice fortment lo dis heli heli perque m gulpist;* 46c *tuit li fellon crident adun maior forsfait que i querem.*

Das Subjectspron. ist gesetzt 58a *Cum aucidrai eu uostre rei.* Diez: „*Cum aucidrai, cui vos est rei?*" Lücking: *Eu vostre rei cum ocidrai.*

Alexislied. Das Pronomen ist unterdrückt 22b *respont la medre lasse qued est deuenut;* 88d *pur que m uedeies desirrer a murrir;* G. Paris: *Por tei m vedeies desirrer a morir;* 89d. 91c. 90b *cum auilas tut tun gentil linage;* Paris: *Com adosus tot ton gentil linage?* 101a *Seignors que faites co dist li apostolie.*

Rolandslied. Das Subject ist nicht ausgesprochen 146

De ces paroles que uos auez ci dit. En quel mesure en purrai estre fiz. Dieses Beispiel zeigt uns, dass der Sprachgebrauch die Hinzufügung des Subjectspron. in dem mit einem Fragewort beginnenden Fragesatze keineswegs verlangte; wäre die Setzung erforderlich gewesen, so hätte der Dichter statt *en,* das zwar nicht vollständig überflüssig, aber doch entbehrlich ist, das Pronomen *je* setzen können. Aus metrischen Gründen ist das Subject also nicht ausgelassen worden. 244 *Seignurs barun qui i enueieruns,* vgl. Gessner I pg. 13; 252. 307 *Dist a Rollant tut fol pur quei tesrages;* 1722. 1783. 2582. 2583 *Ceste nostre rei porquei lessas cunfundre*[1]*);* 374. 581. 832. 2292. 2698. 2722. 3948 *Que me locz de cels qu ai retenuz;* 1699 *Cum faitement li manderum nuueles.*

Das Subjectspron. ist hinzugefügt 395 *Pur quele gent quiet il espleiter tant;* 528 *Quant ert il mais recreanz dosteier;* ebenso 543. 556. — 603 *Co dist Marsilies quen parlereient (il plus),* die in Klammer stehenden Worte sind im Ms. von einer späteren Hand geschrieben. Dieses Beispiel darf daher nicht mitgezählt werden. 1185 *Si uunt ferir que fereient il el,* ähnlich 2961, 2812. 1360 *Co dist Rollanz cumpainz que faites uos;* 2769. 3611. 3956. 1698. 2045 *E gentilz quens uaillanz hom u ies tu;* 2402.

Gormund et Isembard. Das pronominale Subject ist hinzugefügt 438 „*U fuiez vus, paien chaitif?*" 491. 191. 214.

Karls Reise. Das Fürwort ist ausgelassen 148 *E dist li patriarches: „Dunt estes, sire, nez?"* 305. 643.

Das Subject ist ausgedrückt 860 *Que vus en ai jo mais lunc plait a acunter?*

Brandan. Das Pron. fehlt 344 *Cheles Brandan par quel raisun Gettes mei fors de maisun;* 1051-2 *Seignurs de rien pur quei dutez Voz creance cum debutez;* 1319.

Das Subjectspron. zeigt sich 1322-3 *E en espeines pliu as tu Dici quant moz uenas tu.*

Oxforder Psalter. Das Subject ist unterdrückt 12,2

---

[1] Ueber die Nichtwiederholung des vorangestellten nominalen Objects durch das Pron. vgl. Morf 276.

Cume lunghement poserai cunseilz en la meie aneme? 21,1. 41,6 *Purquei ies triste, la meie aneme?* in demselben Verse auch gesetzt *e purquei cunturbes-tu mei?* dagegen an beiden Stellen ausgelassen 41,16, ebenso 42,5. 73,1. 77,45 *Par quantes fiedes purvocherent lui el desert, en ire conmurent lui en neient ewos liu?* 78,5. 89,15 *Seies convertid, Sire, desque à quant?* wo das Fragewort hinter dem Verbum steht; 138,6 *e quel part de la tue face fuirai?*

Das Subjectspron. erscheint 4,3 *Li fil des humes, desque à quant serez vus de grief cuer?* 12,1. 61,3. 79,5. 81,2 *Desque à quant jugez-vus felunie? e les faces des pecchedurs pernez?*

Von der Wiederholung des Subjectspron. in syndetisch und asyndetisch verbundenen Fragesätzen bei nicht wiederholtem Fragewort wird in den Capiteln, die von den syndetisch und asyndetisch miteinander verknüpften Satzgefügen handeln, die Rede sein. 88,45. 4,3. 41,6. 42,2 *Purquei mei debutas-tu? e purquei vois-je tristes, dementres que afflit mei li enemis?* 43,25. 48,5. 49,17. 51,1. 73,12. 9,22 *A quei, Sire, desevras-tu en luinz?* 67,16. 79,13. 87,15 *A quei, Sire, debutes-tu la meie oreisun, desturnes la tue face de mei?* 26,2. 26,1. 72,24. 10,1. 136,5. 118,97. 34,20 *Sire, quant reguarderas-tu?* 40,5. 41,2. 118,82. 118,84 *quant tu feras des parsuanz mei jugement?* bemerkenswert ist hier die Stellung des Subjects vor dem Verbum. 49,14 *Mangerai-je dunc les carz de tors, u le sanc des bucs beverai,* das Fragewort steht hier nach dem Verbum und Subject. Ueber *dunc, dunne, dunches* vgl. Romania 1878, pg. 362 ff.; Zeitschr. f. Rom. Phil. III 1879, pg. 150. 59,11 *Dum n'ies-tu ce Deus chi debutes nus? e ne eistras, Deus, ès noz vertuz?* 77,24. 84,5 *Dum ne te iraistras-tu en parmanableted à nus u estendras la tue ire de generaciun en generaciun?* 87,11. 138,20. 88,46. 115,3. 138,6 *U irai je del tuen espirit?*

Die moderne Frageconstruction, welche die Wiederholung des nominalen Subjects durch das Personalpron. beim Verbum verlangt, begegnet zum ersten Male im Altfranzösischen 7,12 *Deus, dreiz jugerre, forz e suffranz, dum ne se curuce-il par sengles jurz;* 40,9 *Icil chi dort, dun ne ajusterat-il que il ressurdet?* Marx behauptet Franz. Stud. I 344, dass die moderne Frageconstruction bei Joinville noch nicht vorkomme; wir finden sie aber bereits hier und ausserdem Q. L. R. 193,8 und 90,11.

Cambridger Psalter. Das Subject fehlt 12,1 *Desque a quant repundras ta face de mei?* 78,5. 79,4. 88,47. 89,14. 21,1. 41,5. 41,11. 42,5. 73,1. 79,12. 26,2 *Li Sires force de ma vie, cui reduterai?* 51,1. 30,23 *Gieres nen oïs la voiz de la meie preiere, cum jeo crioue a tei?* 72,13. 118,84. 40,5. 136,4. 138,8 *Ou irai de tuen esperit, e ou finirai de ta face?* Das Subjectspron. ist hinzugefügt 4,2. 12,1. 12,2. 61,3. 67,17. 73,11. 81,2 *Desque a quant jugiez vus felunie, e la face des feluns recevez?* 9,21. 41,9. 41,11. 42,5. 42,2 *Kar tu ies, Deus, la meie force: purquei dejetas tu mei? Purquei vois jeo triste, tormentant men enemi?* 43,23. 43,24. 48,5. 87,14. 88,48. 10,1. 26,1. 72,25. 38,9. 41,2. 118,82 *Quant conforteras-tu mei?* 115,3. 49,13. 76,8. 77,21 *E dunne porrad-il pain duner, u aparailler charn a sun pueple?* 87,6 *Tu returnanz dunc ne vivifieras nus?* Nonne tu revertens vivificabis nos, ein Beispiel dafür, dass im Altfranz. in der Sachfrage das Subject vor dem Fragewort stehen kann, ohne dass es hinter dem Verbum wiederaufgenommen wird, vgl. Tobler, Zeitschrift für R. Phil. II 394. 87,10. 138,23. Das Pron. ist betont 59,10.

Computus. Das Pron. fehlt 3498 *Que t'irreie cuntant?*

Bestiaire. Das Subject ist unterdrückt 104 *Purquei ad vesture de vermeille figure?* 328.

Münchener Brut. Das Subjectspron. fehlt 2801 *Respunt moi, fille, sen folage; Cumbien m'aimes en tun corage?* 3276. Das Pron. ist hinzugefügt 757 *Demandent li: „Ki estes vos?"* 1438. 3277. 3649.

Les quatre livres des Rois. Das pronominale Subject ist ausgelassen 3,4 *Purquei plures? purquei ne manjues?* 8,13. 9,13. 21,1. 31,12. 55,17. 58,1. 62,4. 64,18 *Pur quei es ici venuz e pur quei as guerpi ces poi de uweilles al desert?* 74,3. 81,9. 83,3. 85,4. 87,8. 94,11. 104,12. 105,1. 109,13. 109,19. 110,6 *Pur quei m'as inquiéted c traveillied e que seie résuscited?* 110,12. 122,1. 127,11. 131,16. 155,14. 157,3. 159,3. 162,15. 169,9. 172,2. 180,2. 187,1. 188,14. 191,16 an 2 Stellen.

192,1 ebenfalls 2 Mal. 193,10. 195,9. 200 Note. 200,1. 230,1
233,3. 290 Note. 292,1. 320,19. 344,9. 358,2. 362,11. 389,20.
398,4. — 18,14 *Que frum del arche al Deu de Israel?* 65,4.
77,2. 81,9. 105,1. 110,1. 113,8. 131,15. 145,3. 201,8. 218,8.
282,11. 314,5. 320,19. 352,16—17 *Que as de mei à faire e
quiers ici?* 357,2. 355,9 an 2 Stellen. 357,6. 369,10. 367,13.
370,11. 376,13. 410,13. 418,13. 20,8 *E quei est ço, firent li
altre, que faire devum, pur nostre mesfait espenir?* 201,9.
408,10 *Mais en ki as fiance e dunt te vient cist hardemenz?*
23,10. 105,1. 113,8. 107,15. 168,5. 181,11 *quel cunseil nus
durras?* 282,11. 283,14. 288,1. 325,1. 337,11. 336,11. 49,6
*E cument, se li poples se fust disné, dun ne serreit de mielz
aisied ses enemis à pursievre?* 58,5. 89,7. 120,8. 121,1. 179,3.
380,11. 409,1. 409,2. 409,10. 115,13 *Dunt vienz e ù vas?*
149,13. 9,7 *Dun ne me révélai e apertment mustrai à tun
père Aaron...?* 112,7 *Dun ne cuneissez David ki...; e n'ai
truved en lui nul deslealted...?* 127,10. 131,18. 133,13.
156,18. 193,11. 232,17. 298,8. 314,16. 337,1. 370,5. 414,8.
315,17. 371,5 *si distrent: Cumbien demurrums ici?*

Das Subject ist ausgedückt 51,9 *Di mei, fist Saül a
Jonathas, qu'as-tu fait?* 222,7. 321,14. 109,16 *Respundi la
sorcière: Qui vols-tu aveir résuscited?* 29,16 *iço que ert que
nus li porterum?* 312,3. 95,7 *Ki est cil ki tu enchalces, sire
reis d'Israel, ki est-il?* 69,4. 56,5 *Cument quides-tu que?* 112,13.
127,9. 140,7. 175,2 *si li dist: Pur quei viens-tu od nus?*
418,11. 3,5 *Dun n'as-tu m'amur?* 3,6. 21,2. 59,10. 104,9.
333,9 ... Das Pron. ist betont 71,11 *David respundi: Ki sui
jo?* Quis ego sum..? ebenso 144,17. 150,9. 72,6 *N'est mie
petite chose estre gendre le rei; e jo ki sui, pur estre sis gen-
dres,* wo das Fürwort nicht nach dem Verbum wiederholt ist;
104,9. 115,13. 129,12 *si li dist: Cument, sire, jo sui vils cume
chiens à ces de Juda...?* Numquid caput canis ego sum ad
verum Judam; 362,7. 412,15 *e tu suls cument te purras
défendre,* ohne Wiederholung des Subjects hinter dem Verbum;
31,10 *Dun ne sui jo dez fiz Gemini...* Numquid non filius
Jemini ego sum...? 104,11. 369,9 Diese 12 Stellen sind bei
der Bestimmung der Procentzahlen für die Setzung des Pron.
nicht zu berücksichtigen. Die moderne Frageconstruction be-

gegnet 193,8 *Respundi Abisaï le fiz Sarvie: Cument, Séméi ki..., eschaperad-il de mort...?*

Die Sätze, in denen das Subjectspron. sich zeigt, belaufen sich in der Passion auf 20%, im Rolandsl. auf 48%, in Karls Reise auf 25%, im Brandan auf 33%, im Oxf. Ps. auf 79%, im Cambr. Ps. auf 63%, im Münch. Brut auf 67%, in Q. L. R. aber nur auf 15%. — Im Rolandslied erscheint das Pron. also verhältnissmässig häufiger als in Karls Reise und Brandan, die später verfasst sind; im Oxf. Ps., dessen Sprache viel altertümlicher ist als die des Cambr. Ps. (vgl. Suchier, Zeitschr. für R. Phil. I. 569.) ist das pronominale Subject viel häufiger gesetzt als in diesem, und in den Q. L. R., die später entstanden sind als jeder der anderen von uns untersuchten Texte zeigt sich das Subjectspron. verhältnissmässig am seltensten. Gröber's Bemerkung, dass bei vorhandenem Fragewort die Setzung des pron. Subjects früh und lange facultativ sei, ist vollkommen richtig, wie sich besonders aus den Q. L. R. ergiebt; seine Behauptung, dass die Hinzufügung des Pron. in dem Oxf. Ps. häufiger stattfinde, als die Auslassung, müssen wir ebenfalls bestätigen; aber bestreiten müssen wir, dass von der Zeit an, wo der Oxf. Ps. geschrieben ist, das Subject häufiger ausgesprochen als unausgesprochen sei, wie man unwillkürlich aus seinen Worten „im Oxf. Ps., Greg. Dial. etc. aber ist die Setzung schon der bei weitem häufigere Fall" schliessen wird. Vor der Mitte des 12. Jahrh., in den Q. L. R., die viel jünger als die beiden Psalter (vgl. Horning pg. 243) und so frei aus dem Lateinischen übersetzt sind, dass sie fast den Wert eines Originals haben, ist die Auslassung das Gewöhnliche. Man darf nicht vergessen, dass die beiden Psalmenübersetzungen eine Sonderstellung einnehmen.

II. Der Fragesatz enthält kein Fragewort.

Dass Morf's Annahme, die Auslassung des pron. Subjects sei in der Verbalfrage unzulässig (a. a. O. pg. 204), unbegründet ist, hat Tobler schon längst nachgewiesen (Zeitschrift f. R. Phil. III 144; vgl. auch Ebering, ib. V 330).

Das Rolandslied selbst, das Morf seinen Untersuchungen

zu Grunde gelegt hat, bietet ein Beispiel für die Auslassung des Pron., wenn man mit W. Foerster (Zeitschr. f. Rom. Phil. II 170) den Vers 566 als Fragesatz auffasst, was der Sinn zulässt: *Puis men cumbatre a Carle e a Franceis.* Das Subjectspron. ist hinzugefügt 2000 *Sire cumpain faites le uos de gred;* Vers 3512 *Au'rum nos la uictorie del champ,* dessen erster Halbvers um eine Silbe zu kurz ist, verwandelt Müller in eine indirecte Frage, indem er *se* dem Satze voranstellt. Ein metrisch unfreies Beispiel für die moderne Frageconstruction bei nominalem Subject ist 643 *Laueir Carlun est il apareilliez.*

Gormund et Isembard. Das Pron. fehlt 204 „*A! gentilz reis de riche liu, avez veu cel Antecrist qui...?*" Das Pron. ist gesetzt 347 „*Sire Gormunz, reis dreituriers, cunuisterez [vus] l'escuier qui...?*" wo das Pron. aber, das nicht in der Handschrift steht, vom Herausgeber hinzugefügt ist.

Karls Reise. Das Subject ist unterdrückt 9 *Dame, veistes unkes rei ħul de desuz ciel...?* 226. 555. 624. 711. 729. 762 „*Sire,*" *dist Carlemaigne,* „*volez en mais des gas?*" 799. Das Subject ist ausgedrückt 493 „*E vus, sire arceveskes, gaberez vus od nus?* 521.

Brandan. Das Pron. fehlt 467 *Brandan lur dist freres sauez Pur quei pour out auez.*

Oxforder Psalter. Das pron. Subject ist unterdrückt 93,4 *Parlerunt e dirrunt felunie, parlerunt tuit chi ovrent torçunerie?*

Das Subject ist hinzugefügt 61,3 *ociez tuit vus, ensement cum à pareit enclinede, e à maisere debutede?* 79,6 *Tu paistras nus de pain de lermes, e beivre dunras à nus en lermes en mesure?* Der Charakter der Frage ist hier lediglich durch die Betonung ausgedrückt, und Subject und Verbum haben dieselbe Stellung wie im behauptenden Satze.

Münchener Brut. Das Pron. ist hinzugefügt 3249 *Oi Deus, verrai ge mais lo jor Que de nul bien aie retor...?*

Les quatre livres des Rois. Das Pron. fehlt 85,3 *Avez veud cest hum forsened?* 97,17. 112,9. 181,10. 182,6 *E quidez que David...?* 409,4. 193,10. 223,14. 350,9. 364,11. 377,9.

77,7 *cest sul afaire me celereit e si grant chose ne me musterreit?* Das Subject ist ausgedrückt 58,12 *si li distrent: Viens-tu ci en amur e en pais?* 81,4. 151,11. 84,6. 170,7. 221,17. 332,7 *As me tu truved pur tun enemi?* 357,2. 408,12. 115,18 *Poz-tu me mener là ù ti cumpaignun sunt?* 143,6. 288,1. 312,4. 347,15; ebenso 348,4. 368,13. 382,6. 417,14. 358,15. Die moderne Frageconstruction finden wir 90,11 *Cil de Ceila liverunt me il as mains Saül, e vendrad si Saül, si cume jo tis serfs l'ai oïd?* Betont ist das Pron. 67,1. 223,16 in der Wendung *es-tu ço*, wo das Altfranz. den modernen Ausdruck durch den Nominativ des Pron. ersetzte (vgl. Gessner I 5); 95,11. 104,17. 126,13. 149,8. 288,6. 314,1. 315,7.

In den Q. L. R. haben 62% der Fragesätze ohne Fragewort ein Subject; abgesehen von Karls Reise, in der nur 22% ein solches aufweisen und die häufige Auslassung metrischen Gründen zuzuschreiben sein wird, stimmt unser Resultat mit der Ansicht Gröbers überein, dass in den ältesten Texten das pronominale Subject des mit Fragewort nicht beginnenden Fragesatzes nur ganz vereinzelt fehle.

D. In eingeschobenen Sätzen.

Passion. Das Pron. fehlt 56d *aucid aucid crident Jhesum;* 109a *Pax nobis sit dis a trestoz eu soi Jhesus qui passus soi.*

Das Subjectspron. erscheint 14b *Hierussalem Hierussalem, gai te dis el per tos pechet pensar non uols.*

Alexislied. Das Subject ist gesetzt 12d *e deus dist il cum fort peccet mapresset;* 36b. 38b. 41a. 46a. 46d. 68d. 78c. 29a. 30c. 87c. 94c.

Rolandslied. Das Subject ist unterdrückt 150 *E sin avrez co quid de plus gentilz;* 575. 1006. 296 *Co est Baldewin co dit ki ert prozdoem,* vgl. Müller. 153. 1206. 1489. 2726. 1257 *Nuueles uos di mort uos estoet susfrir,* Müller: *Nuuele mort vus esturrat suffrir.* Im letzen Beispiele geht *vos,* in den übrigen das neutrale Demonstrativpron. *ço* dem Begriffe des Denkens oder Aussprechens vorher, so dass der Satz eingeleitet ist; aus diesem Grunde wird das Pron. ausgelassen worden sein.

Das Pronomen ist hinzugefügt 635 *Jo uos aim mult sire dist ele al cunte. Car mult uos priset mi sire e tuit si hume;* 2106 *Seignurs dist il mult malement uos uait.*

Gormund et Isembard. Das Subject ist ausgedrückt 426 *„Allas!" dist il, „veir dist li sorz."* 470. 530. 641.

Karls Reise. Das Pronomen fehlt 733 *Li premiers est guariz; encantere est, ço crei.*

Das Subjectspron. zeigt sich 13 *„Emperere," dist-ele, „trop vus poez preisier..."*; 26. 32. 40. 45.

Brandan. 171 *Altres co crei auant cestui Ne descendit al val cel pui;* 296. 760. 873.

In der Parenthese ist das Pron. ausgelassen 741 *De deus nus ucient el ne sauum La uiande que nus auum.*

Cambridger Psalter. Das Subjectspron. ist gesetzt 79,14 *O Deus dez hoz, repaire, je te pri; regarde del ciel...*; 117,2 *Diet, je pri, Israel...*; 117,3. 117,4. 118,76. 118,108.

Computus. Das Pron. fehlt 941 *Dunc furent ajuste Trestuit li feeil De Par l'espir, ço vus di, Dunt les sainz raempli;* 2162, 2927. 1022. 1801.

In der Parenthese ist das Pron. ausgelassen 982 *Li sieges signefie, Ne larrai nel vus die, Ferme stabilitet;* 1020. 1208. 1354. 1498. 1548. 1608. 1810.

Bestiaire. Das Subject ist unterdrückt 1106 *e Phisiologus dit uncore plus; Fenix cinc cenz anz vit, e un poi plus, ceo dit, Puis volt rejuvener.*

In der Parenthese 1191 *Icele signefie, ne larai ne l'vus die, Que...*

Münchener Brut. Wir finden nur Beispiele für die Setzung. 787 *„Seinur", fait il, „jel conois bien..."*; 2231. 2796. 2804. 2867. 3136. 2844. 2886. 2969. 3849. 3332. 3347. 817. 1027. 1339. 3653.

Les quatre livres des Rois. Das Pron. ist hinzugefügt 163,13 *Or en vien, fist se il, bele suer;* 288,6, 289,126. 315,7. 360,11.

Das Subjectspron. ist in eingeschobenen Sätzen stets ausgelassen, wenn das Object oder präpositionale Bestimmungen dieselben anheben, dagegen stets gesetzt, wenn sie uneingeleitet sind.

Die Fortsetzung wird später veröffentlicht werden.

Lebenslauf des Verfassers.

Ich, Peter Nissen, wurde am 26. Juli 1859 zu Sonderburg geboren. Meine erste Ausbildung erhielt ich in der Stadtschule und später in der dortigen höheren Bürgerschule, welcher ich bis Ostern 1876, wo ich die Abgangsprüfung bestand, angehörte. Darauf besuchte ich die Prima der Realschule I. O. zu Flensburg und wurde von dieser Anstalt Ostern 1878 mit dem Zeugniss der Reife entlassen Von Ostern 1878 bis dahin 1879 widmete ich mich dem Studium der neueren Sprachen auf der Universität Kiel. Im Sommersemester 1879 studierte ich in Bonn und im darauffolgenden Wintersemester in Berlin. Ostern 1880 ging ich wieder nach Kiel, wo ich bis jetzt meine Studien fortgesetzt habe. Am 29. Juli d. J. bestand ich das examen rigorosum. Während meiner Studienzeit hörte ich Vorlesungen bei den Herren Proff. Birlinger, Busolt, Erdmann, Fischer, W. Foerster, Knoodt, Ritter, Schirren, Stimming, Thaulow, Tobler, Volquardsen, Zupitza und Herrn Lector Sterroz. Allen meinen Lehrern spreche ich hiermit meinen pflichtschuldigsten Dank aus.

Thesen.

1.

Marie de France hat um die Mitte und in der zweiten Hälfte des 12. Jahrhunderts gelebt.

2.

Lateinisches c hat sowohl vor erhaltenem, als auch vor in e, ie verwandeltem a, incl. au = o, im altnormannischen Dialect einen vom lateinischen k verschiedenen Laut entwickelt.

3.

Für franz. encore ist nicht hanc ad horam, sondern adhuc hac hora als Etymon anzusetzen.

4.

Die Nebenform flambe vom altfranz. flamme kann man durch Annahme einer Einwirkung altenglischer Orthographie erklären.

5.

In der Chanson de Roland ist in Vers 295

Sin ai un filz ia plus bels nen estoet

bel statt *bels* zu setzen.

Opponenten:

Reinhold Triller, cand. phil.
Max Walter, cand. phil.
Emil Wolff, cand. phil.